Scherz Auf neuen Gleisen

Das Buch

Wolfgang Scherz, in der Hauptverwaltung der Deutschen Bundesbahn in Frankfurt am Main tätig, kam im Frühjahr 1990 nach Berlin-Lichtenberg. Sein Auftrag: mitzuhelfen, die Bahnbetriebe der beiden deutschen Staaten zusammenzuführen. Fachlich gewappnet, aufgeschlossen und vorurteilsfrei dem DDR-Staatsbetrieb gegenüber, begleitete Scherz diese Fusion, die 1994 in die Gründung der Deutschen Bahn AG mündete. Wolfgang Scherz berichtet als exklusiver Zeitzeuge über ein weitgehend unbekanntes Kapitel der deutschen Wiedervereinigung.

Der Autor

Wolfgang Scherz, geboren 1949 in Passau, absolvierte eine Maurerlehre und anschließend ein Studium zum Bauingenieur für Verkehrstechnik in Wuppertal. Er arbeitete von 1973 an im Außendienst der Bundesbahn, ab 1986 in deren Hauptverwaltung und war von 1990 bis 1994 maßgeblich an der »Zusammenführung von DR und DB« beteiligt, auch in Berlin bei der Reichsbahn. Mit Gründung der DB AG übernahm er Führungsaufgaben im Güterverkehr der DB AG, in den Bahnbaugesellschaften und als Mitglied des Vorstands der DB Netz AG. 2007 verließ er den Bahnkonzern.

Wolfgang Scherz

Auf neuen Gleisen

Die Abwicklung der Deutschen Reichsbahn

Das Neue Berlin

Für Jens und Hartmut sowie alle, die hier mit Namen oder Funktionen genannt wurden.
Ich danke euch und Ihnen für die gemeinsame Zeit der Kollegialität und Freundschaft.
Ich war und bin froh, euch und die vielen anständigen, fleißigen und engagierten Kolleginnen und Kollegen von der Deutschen Reichsbahn kennengelernt zu haben.

Wolfgang Scherz

Inhalt

Ein Gespräch zuvor

Sie waren in Afrika, als die DDR am 9. November 1989 die Grenze öffnete. Oder wie es nach heute üblicher Lesart heißt: als die Mauer fiel. Es habe Sie gedrängt, den Urlaub abzubrechen und zurückzukehren, schreiben Sie. Warum?

Der Mauerfall war für mich eine emotionale Sache. Diese besondere Grenze hat uns, also auch meine Generation auf westdeutscher Seite, mit geprägt. Den Tag des Mauerfalls werde ich so wenig vergessen wie den Tag des Mauerbaus. Ich war im August 1961 mit meinen Eltern in Österreich an einem Badesee in Kärnten. Unter den Erwachsenen, ich war ja erst zwölf Jahre alt, herrschte eine sorgenvolle Stimmung. Meine Eltern sprachen von Krieg, das bedrückte uns alle.

Den Fall der Mauer habe ich vor dem Fernseher verfolgt. Ich war nur glücklich. Kurz darauf fuhren wir nach Tansania. Aber natürlich waren weniger Gefühle der Grund, den Urlaub in Tansania 1989 abzubrechen, sondern nüchterne Überlegungen, die mit meiner Arbeit bei der Bahn zusammenhingen. Ich begriff, dass ich persönlich durch die neuen Herausforderungen auf dem Gebiet der Bahnen beruflich profitieren könnte.

Nämlich welchen?

Also uns, den meisten Eisenbahnern im Westen, war schon geraume Zeit klar, dass die Bundesbahn als

Behördenbahn reformiert werden musste. Sie trug sich finanziell nicht. Schon Helmut Schmidt soll als Kanzler in den siebziger Jahren gesagt haben, dass sich die Bundesrepublik nur einen Staatsbetrieb leisten könne – entweder die Bundeswehr oder die Bundesbahn. Zwei würden selbst die reiche Bundesrepublik überfordern: zu teuer, zu schwerfällig, zu ineffizient.

Der damalige Bahnvorstand wollte schon seit geraumer Zeit die Bundesbahn weitgehend privatisieren. Einige Werke, Bahnbus- und Gleisbaubetriebe wurden bereits herausgelöst und als GmbH geführt. Ein großer Wurf gelang damals wegen des politischen Umfeldes nicht. Nun aber veränderte sich dieses gravierend.

Das war Ihnen persönlich am 9. November 1989 so bewusst?

Natürlich wusste niemand, weder im Westen noch im Osten, wohin die Reise gehen würde. Dass aber mit der Öffnung der Grenze auch der wirtschaftliche Verkehr zwischen den beiden deutschen Staaten – inklusive des Eisenbahnverkehrs – sich verändern werden würde, war anzunehmen. Auch wenn zunächst beide Seiten unverändert von der fortbestehenden Zweistaatlichkeit ausgingen. Das sollte sich schon bald ändern, wie wir heute wissen.

So oder so aber: Ich ging davon aus, dass nunmehr zwei defizitäre Eisenbahnen zusammenkämen, was noch weniger finanzierbar wäre. Also gab es nicht nur Handlungsbedarf, sondern auch eine Chance.

Sie nahmen also an, dass die Deutsche Reichsbahn, also die Staatsbahn der DDR, ebenfalls defizitär arbeitete.

Ja.

Was ein Irrtum war.

Das erfuhr ich allerdings erst im April 1990, als ich die Eröffnungsbilanz der Reichsbahn sah.

Aber noch mal: In jener Zeit glaubten die Zuständigen der Bundesbahn, dass sich jetzt die einmalig historische Chance für eine Umbildung der Bundesbahn, also für eine Privatisierung, bestand. Und Sie selbst meinten, dabei aktiv werden zu müssen und brachen darum den Urlaub ab.

So kann man es auch formulieren.

Waren Sie sich der Vor- und Nachteile der Privatisierung des Staatsunternehmens Bahn bewusst? Die Bildung einer Aktiengesellschaft brachte vielleicht frisches Kapital in den Laden, löste aber nicht die Probleme, an denen der dröge Staatsbetrieb Bundesbahn seit Jahrzehnten krankte.

Doch, in diesem Falle schon. Die Bundesbahn war nach den damaligen Gesetzen »wie eine Aktiengesellschaft« zu führen, nicht als AG. Das heißt, die Möglichkeiten des Vorstands der DB waren stark eingeschränkt. Zum Beispiel: Damals wie heute führte, gleichsam als oberster Dienstherr, der Innenminister oder gegenwärtig eine Innenministerin die Tarifverhandlungen für den dem BMI unterstellten öffentlichen Dienst, und der Finanzminister bestimmte die wesentlichen Ausgaben, somit auch die Investitionen der Bundesbahn. Ich glaube, der Bahnvorstand hatte seinerzeit allenfalls Entscheidungsbefugnisse über geringe Millionenbeträge. Die Vorstände waren somit fast nur Marionetten, die aus den Bundesministerien heraus gesteuert wurden.

Jedes Privatunternehmen hätte längst schließen müssen. Allein die Personalkosten fraßen damals fast den wirtschaftlichen Umsatz auf. 1993 überstiegen diese Ausgaben beider Bahnen merklich den wirtschaftlichen Erlöse. Auch die damalige Regierungskommission Bundesbahn war der Auffassung, dass das Unternehmen entschuldet und auf eigene wirtschaftliche Füße gestellt werden müsste.

Der Bericht der Kommission von 1991 für den Verkehrsminister – ich greife mal vor – prognostizierte bei Beibehaltung des Status quo eine Verschuldung von 140 Milliarden D-Mark bis zum Ende des Jahrzehnts, wenn nicht umfassend reformiert werden würde. Allein die jährliche Zinsbelastung des prognostizierten Schuldenberges von über 140 Milliarden DM wurde mit 4,6 Milliarden beziffert …

Nur zum Vergleich: Die Bundesbank gab 1999 die Verbindlichkeiten der DDR gegenüber westlichen Ländern Ende 1989 mit 19,9 Milliarden DM an; gegenüber dem Osten gab es ein Plus. Der Staat DDR ging also mit weniger als zwanzig Milliarden krachen, die Bundesbahn mit weitaus höheren Schulden rollte weiter. – Welche Funktion hatten Sie damals, als die Mauer fiel?

Dienstausweis von Oberamtsrat Wolfgang Scherz, tätig in der Hauptverwaltung der Deutschen Bundesbahn, 1989

Ich war als Sachbearbeiter im Bereich Organisation der Zentrale der DB zuständig für die Organisation der Dienststellen des Außendienstes, also für etwa sechzig Prozent der Einrichtungen: Bahnmeistereien, Bahnhöfe, Werke … Die Bundesbahn zählte damals mehr als 200.000 Mitarbeiter, die jährliche Fluktuation betrug zwischen 10.000 bis 20.000. Wir mussten dafür sorgen, dass trotz des ständigen Wechsels und des Abgangs der Fahrbetrieb ungestört weiterlief. Die Aufbauorganisation und die Organisation der Arbeitsprozesse mussten ständig angepasst werden.

Aber der Fahrbetrieb schrumpfte doch auch ständig. Der Marktanteil beim Personenverkehr ging seit 1950 stetig in der Bundesrepublik zurück. Damals lag er bei 37, 1990 bei sechs Prozent. Im Güterverkehr ähnlich: Von 56 Prozent 1950 ging er auf 21 Prozent im Jahr 1990 zurück – in der DDR lag der Anteil stabil bis 1984 bei 40 Prozent. Ab 1985 sanken die Leistungen der Reichsbahn ebenfalls. Nach der Wende ging der Marktanteil der Deutschen Reichsbahn bei der Personenbeförderung innerhalb von Wochen auf 14 Prozent zurück … – Sie waren seit 1972 bei der Bahn. Was war der Grund, dass Sie damals zur Bahn gegangen sind?

Ich hatte schon vorm Studium geheiratet, ein Kind und musste meine Familie miternähren. Die Bundesbahn suchte Bauingenieure und unterstützte mein Studium mit einem Stipendium. Das wirtschaftliche Interesse war mein Hauptmotiv. Das zweite Motiv: Ich war schon immer davon überzeugt, dass das Transportsystem Schiene der Straße überlegen war und ist. Und schließlich: mein Vater war bei der Bahn, mein Großvater ebenfalls. Beide ebenfalls als Bauingenieure als Beamte im gehobenen technischen Dienst.

Also Familientradition.

Nicht vordergründig. Ich wollte bei einem Unternehmen arbeiten, dessen Philosophie ich unterstützte. Von den verschiedenen Verkehrssystemen war das Rad-Schiene-System jenes, dass effektiver und umweltfreundlicher war und ist als jedes andere. Das war mir als Verkehrsplanungsingenieur bewusst, und deshalb wollte ich dort tätig werden.

Das sah man seinerzeit, in den siebziger Jahren, ganz anders. Da baute man im Westen noch heftig Autobahnen, zahlte eine Pendlerpauschale jenen, die mit dem Privatfahrzeug vom Häuschen im Grünen zur Arbeit in die Stadt fuhren, womit nicht nur einer die Umwelt zerstörenden Zersiedlungspolitik Vorschub geleistet wurde. Nicht zu vergessen das klimaschädliche und milliardenschwere Dienstwagenprivileg. Natur und Umwelt schienen damals keine Rolle zu spielen, obgleich doch 1972 der »Club of Rom« die ökologischen, wirtschaftlichen und sozialen Konsequenzen dieses ungebremsten Wachstums eindeutig benannt hatte. »Je mehr sich die menschliche Aktivität den Grenzen der irdischen Kapazität nähert, um so sichtbarer und unlösbarer werden die Schwierigkeiten«, schrieben die Wissenschaftler vor fünfzig Jahren. – Aber mal zurück zu Ihren Beweggründen, zur Bahn zu gehen.

Umweltschutz in die Realität umzusetzen, wurde in den siebziger Jahren im Westen bereits heftig diskutiert. 1983 zogen die ersten gewählten Grünen in den Bundestag ein. Trotzdem ist es richtig: Damals spielte die Umwelt bei Transportfragen eine geringere Rolle. Andererseits wurden seinerzeit im Vorfeld der Olympischen Spiele 1972 in München die ersten Schnellfahrstrecken der Bahn eröffnet, neue S- und U-Bahn-Systeme gebaut. 1971 kamen die ersten Intercity-Verbindungen, IC genannt, also die Züge, die im Stundentakt mit 200 Stundenkilometern verkehren sollten … Die Bahn war im Aufwind. Ich würde sogar von einer Verkehrswende sprechen. Das war so um den 150. Jahrestag der Bahn, der mit großem Aufwand bei uns gefeiert wurde.

Der 150. Geburtstag der Bahn? Fuhr nicht 1835 die erste zwischen Nürnberg und Fürth?

Das stimmt, aber die Premiere der Eisenbahn war wohl bereits 1816 bei der Königlichen Eisengießerei in Berlin. Damals war dort die erste auf dem europäischen Festland gebaute Dampflokomotive aufs Gleis gebracht worden, und sie fuhr auf einem Rundkurs auf dem Berliner Firmengelände. Schaulustige Berliner durften gegen ein Entgelt mitfahren. Das war der ursprüngliche Startschuss für die deutsche Eisenbahn. *Wikipedia* beschreibt diese Bahn jedoch so ziemlich als Fiasko, die Spurweiten von Lok und Gleis sollen nicht übereingestimmt haben. Aber richtig ist: in Werkanlagen wurden Eisenbahnen bereits vor 1835 betrieben.

Wie auf dem Jahrmarkt. – Reichlich anderthalb Jahrhunderte später warb die Bundesbahn mit dem durchaus witzigen Slogan: »Alle reden vom Wetter – wir nicht.«

Ja. Der Slogan wurde aber aus dem Verkehr gezogen, als es 1978/79 zu jenem dramatischen Wintereinbruch kam.

Ich erinnere mich. Rügen war von der Außenwelt abgeschnitten, Züge versanken in Schnee, Braunkohletagebaue lagen tot, und es flossen weder elektrischer Strom noch Warmwasser.

Das war doch bei uns nicht anders, ebenso in Dänemark, Schweden und Polen. Diese Naturkatastrophe stellte auch die Verantwortlichen und Bürger im Westen vor größte Herausforderungen. Bei uns sollen drei Mal so viele Ortschaften von der Außenwelt abgeschnitten gewesen sein, und es gab zunächst auch keine ausreichende Zusammenarbeit zwischen Gemeinden, Hilfsorganisationen, Bundeswehr, Stromversorgern und Post. Eine derartige Katastrophe war wohl nie in Erwägung gezogen und geübt worden. In Hamburg kam es tagelang zu erheblichen Verkehrsproblemen, wochenlang mussten die Züge der elektrisch betriebenen S-Bahn mit Dieselloks gezogen werden, die Bundeswehr setzte Ersatzbusse ein und half beim Freilegen der Schienenwege in Norddeutschland.

Dieselloks waren auch kein Beitrag zum Umweltschutz.

Stimmt. Trotzdem ist unterm Strich die Umweltbelastung noch immer geringer als jene durch den Individualverkehr und den Gütertransport auf der Straße. Aktuell werden die Diesellokflotten der Bahnen massiv durch moderne Triebfahrzeuge mit absolut umweltschonenden Antrieben ersetzt oder die Altfahrzeuge umgerüstet.

Nicht zu reden von den Dampfloks, deren Wirkungsgrad auch erheblich geringer war.

Ich war noch ein Kind unter zehn Jahren, als ich das letzte Mal in einem Zug saß, der von einer Dampflok gezogen wurde. Ich fuhr mit meinen Eltern von Wuppertal nach Hagen. Die letzte Dampflok verkehrte im Westen 1977, und danach, wie in Deutschland üblich, galt ein Dampflokverbot. Es wurde aber 1985 im Kontext mit dem 150. Jahrestag der Eröffnung der Strecke

Nürnberg-Fürth wieder aufgehoben. Auch hier gab es einen sehr schönen Werbeslogan der Bundesbahn: »Unsere Loks gewöhnen sich das Rauchen ab.«

Bei uns, also bei der Deutschen Reichsbahn in der DDR, endete das Dampflok-Zeitalter erst 1988. Allerdings rollen im Osten noch immer einige dampfende Loks. Etwa die Mecklenburgische Bäderbahn Molli zwischen Bad Doberan und Kühlungsborn, der Rasende Roland auf Rügen und die Usedomer Bäderbahn sowie etliche Schmalspurbahnen wie die Preßnitztalbahn in Sachsen oder der Peißnitzexpress in Sachsen-Anhalt. In nahezu allen Bundesländern haben Eisenbahnfreunde alte Strecken und Lokomotiven rekonstruiert und pflegen Traditionen.

Ja, es gibt überall »Pufferküsser«.

Wie bitte?

Die Eisenbahnfans heißen bei mir Pufferküsser, ich entschuldige mich sofort. Das ist despektierlich und nicht in Ordnung.

Reden wir mal über die LKW-Stoßstangen-Küsser. Wenn man werktags heute auf der Autobahn unterwegs ist, steht die rechte Spur voller Trucks. Inzwischen bereits wieder, denn während der Pandemie brach auch der Güterverkehr ein. Mit der Just-in-time-Produktion sparen sich die Unternehmen Lager vor Ort – sie haben diese auf die Straße verlegt.

Und auf die Schiene. Wenn sich ein Unternehmen wie etwa ein großer Hersteller von Automobilen für die

Schiene entschließt, müssen alle Werke dieses Konzerns, z. B. in Belgien, Spanien oder in Tschechien schienenaffin sein, also Andockstellen für diese Logistik besitzen. Die DB Cargo AG oder andere Eisenbahnunternehmungen sorgen dann dafür, dass die Güterzüge auf die Minute genau durch ganz Europa fahren. Das sind, wenn man so will, rollende Lagerhallen. Da haben Sie recht.

Die rollen auch bei Streiks? Alle Räder stehen still, wenn dein starker Arm es will …

Dafür gibt es zumindest bei der DB Cargo AG ein Kundenservicecenter in Duisburg, von dem aus jeder Güterwagen verfolgt werden kann. Wenn es Probleme gibt – zum Beispiel durch einen Streik in Frankreich - wird der Kunde informiert und mit ihm gemeinsam überlegt, wie dieses Problem zu managen ist. Die Bahn AG hat auch Eisenbahngesellschaften nach der Liberalisierung des Eisenbahnverkehrsmarktes in unseren Nachbarländern übernommen oder ist Kooperationen eingegangen, so dass dann mit eigenen Gesellschaften die Güter quer durch Europa befördert werden, sollten Partnerunternehmen bestreikt werden. Das ist ein erfolgreiches internationales Geschäftsmodell. Man muss verstehen: Je länger der Transportweg eines Güterzuges ist und wenn – wie bei Ganzzügen – kaum Rangierleistungen anfallen, desto wirtschaftlicher fährt so ein Zug.

Streikbrechen ist also ein lukratives Geschäft. Das Thema will ich jetzt nicht vertiefen, sondern wissen, weshalb die Deutsche Bahn dann im Güterverkehr auf der Schiene defizitär ist, wenn sie im internationalen Geschäft erfolgreich agiert?

Das liegt überwiegend am Einzelwagenverkehr. Die DB AG sagt, dass hierdurch ca. 40.000 LKW-Fahrten pro Tag eingespart werden. Bis der Transport eines Wagens oder einer Wagengruppe am Ziel angekommen ist, muss jedoch viel rangiert werden. Das kostet Geld und Zeit. Außerdem haben die Unternehmen die Kosten für die Gleisanschlüsse weitestgehend selbst zu tragen. Eine Anbindung an das Straßennetz wird bis zum Werkstor vom Steuerzahler zur Verfügung gestellt. Hier gibt es noch viel Regelungsbedarf.

Wie hoch ist der Anteil der Schiene am Waren- und Gütertransport in Deutschland heute?

Schwer zu sagen, je nachdem ob man den Güterfern- oder den Nahverkehr betrachtet. Ich vermute mal, dass in Deutschland im Güterfernverkehr etwas mehr als zwei Drittel auf der Straße bewegt werden, wahrscheinlich sind es über 70 Prozent. Alle Eisenbahnverkehrsunternehmen zusammen leisten etwa 20 Prozent. Die Differenz übernehmen überwiegend Binnenschiffe und zu einem geringen Anteil Rohrfernleitungen, also Pipelines.

Sie arbeiteten, nachdem Sie die Bahn verlassen hatten, in Hessen. Dort – insbesondere im Frankfurter Raum – befinden sich die mit am stärksten belasteten Autobahnabschnitte Europas.

Ja, ich war danach zwei Jahre lang für die Bundesfernstraßen, die Landstraßen und viele Kreisstraßen in

Hessen verantwortlich. Das betraf die Vorhaltung, Erneuerung und den Neu- und Ausbau dieser Verkehrswege. Es war Wahnsinn, was dort an Logistik auf der Straße geleistet wurde und wird. Das auf die Schiene zu bringen war und bleibt eine gigantische Herausforderung.

Zurück zu 1989. War das in der Führungsetage der DB vorher irgendwann einmal Thema, die Bundesbahn und die Reichsbahn zu vereinen?

Nicht, dass ich etwas erfahren hätte. Wie sollte so etwas gehen? Es gab zwei deutsche Staaten.

In Bonn regierte seit 1982 die CDU/CSU mit den Liberalen …

Und die Politik handelte: Sie gründete 1989 eine Regierungskommission. Die Kommission sollte ein Konzept zur Reform des Eisenbahnwesens in Deutschland entwickeln, wie es im Nachgang beschrieben wurde. Das aber insofern damals unzutreffend war, als es zum Zeitpunkt der Bildung dieser vom Bundesverkehrsministerium berufenen Regierungskommission Bundesbahn noch zwei deutsche Staaten und zwei verschiedene, große Bahngesellschaften gab. Es war keineswegs bei Berufung der Kommission absehbar, dass es am 3. Oktober 1990 nur noch einen Staat geben würde. Durch den dann plötzlich zufällig über uns hereinbrechenden Vereinigungsprozess entstand eine noch größere Dynamik auf diesem Feld. Die Verantwortlichen der DB befürchteten allerdings, dass bei einer wie auch immer gearteten Vereinigung der beiden Staaten auch die Deutsche Reichsbahn der DDR ebenfalls tief in die roten Zahlen rutschen würde. Die Eisenbahninfrastruktur der Reichsbahn war größtenteils stark erneuerungsbedürftig.

Moment, habe ich Sie richtig verstanden: Sie fürchteten im Westen, dass die Bahn der DDR bei einer Vereinigung Miese machen würde – das heißt doch im Umkehrschluss, dass die Deutsche Reichsbahn in der angeblich maroden DDR schwarze Zahlen schrieb?

So war das, ja. Am Karfreitag 1990 erfuhr ich, wie viel Gewinn die DR gemacht hat. Der war beachtlich. Es war jedoch auch erkennbar, dass die Infrastruktur der Reichsbahn völlig marode war und lange erforderliche Instandhaltungsarbeiten, Erneuerungen und Modernisierungen für die Infrastruktur ausgeblieben waren. Wenn das alles erfolgt wäre, wäre die DR ebenfalls in den roten Zahlen gewesen.

Woran lag's?

Dafür gab es viele Gründe. Die DR war das führende Transportunternehmen in der Deutschen Demokratischen Republik, da existierte keine Konkurrenz im Güter- wie im Personenverkehr auf der Schiene. Und es gab Regelungen des Staates, dass Gütertransporte über fünfzig Kilometer auf der Schiene gefahren werden mussten. Ob das immer sinnvoll war oder nicht: Es wurde gemacht. Das war mitunter etwas absurd, wenn etwa per LKW 49,5 Kilometer bis zum nächsten Bahnhof gefahren, dann umgeladen und auf der Schiene

Seit 1957 rollte für die Deutsche Reichsbahn (DR) der »Vindobona« von Berlin nach Wien. Ende 2014 fuhr der Zug in Weinrot und Elfenbein zum letzten Mal. Vor dem Abschied wurde er im Bahnhof Berlin-Lichtenberg noch einmal richtig aufgehübscht

einige Kilometer gefahren wurden, danach ging es erneut auf dem LKW über einige Kilometer weiter bis zum Empfänger. Das war umständlich, aber gesetzeskonform.

Aber grundsätzlich scheint dieses Gesetz doch vernünftig gewesen zu sein. Es reduzierte den Straßenverkehr, half Diesel sparen und schonte die Umwelt.

Keine Frage. So war die Reichsbahn privilegiert als *das* Transportunternehmen im Lande. Und es hat, das muss man neidlos zugeben, funktioniert, weil dort hervorragende und engagierte Leute arbeiteten.

Es lag an den Reichsbahnern?

Absolut, denn die Infrastruktur der Reichsbahn war marode, nicht das Personal. Die Führungskräfte haben in der Regel eine fantastische fachliche Ausbildung gehabt: Lehre und Abitur und Studium. Diese Verbindung Lehre und gleichzeitig Abitur war ein Gewinn für die Bahn. Faktisch waren diese Leute bereits bei Beginn des Studiums in Dresden oder an anderen Stellen in den Grundbegriffen ausgebildete Eisenbahner. Viele Kollegen der Bundesbahn konnten eisenbahnspezifisch da nicht mithalten. Der stellvertretende Generaldirektor der Deutschen Reichsbahn hatte mir in einem mehrstündigen Telefonat am Karfreitag 1990 alle Fragen, die sehr ins Detail gingen, beantworten können. Herr Mauthner hatte alle Zahlen, alle technischen Parameter und dergleichen im Kopf. Die Antworten kamen wie aus der Pistole geschossen, der musste nicht nachschlagen oder groß sein Gehirn zermartern. Der hatte alles parat.

Wenn Sie ein solches Gespräch mit einem vergleichbaren westdeutschen Chef hätten führen müssen …

… wäre es nach wenigen Minuten beendet gewesen. Und er hätte mich an Mitarbeiter verwiesen oder jovial erklärt: »Herr Scherz, Sie machen das schon.«

Wenn die DDR-Eisenbahner so gut ausgebildet waren, wie Sie anerkennen, muss das wohl auch etwas mit dem System der Ausbildung, also mit der Gesellschaft zu tun gehabt haben. Warum hat man das bei der Vereinigung nicht als besser akzeptiert und gesagt: So machen wir's jetzt auch?

Hätte man können. Dann hätte man aber das ganze Schul- und Bildungssystem der DDR mit seinem polytechnischen Charakter übernehmen müssen. Das hätte dann in das föderal organisierte Bildungssystem transformiert werden müssen, damit die Schule in Bayern genau so organisiert werden würde wie die in Bremen … Das wäre wahrscheinlich schwieriger gewesen als noch mehr Güter auf die Schiene zu bringen.

Da ich selber sehr gute Erfahrungen mit meiner Ausbildung gemacht habe, ich hatte als Lehrling auf dem Bau begonnen, bin ich heute nach Beendigung meines Arbeitslebens immer mehr der Meinung, dass eine duale Ausbildung oder ein duales Studium der beste Weg ist.

Naja, so naiv sind wir beide nicht zu glauben, dass die damals herrschende Politik irgendetwas an der DDR nicht nur als gut, sondern sogar für übertragbar gefunden hätte. Bis auf den grünen Pfeil war doch nach der seinerzeitigen Lesart – die unverändert gilt – angeblich alles im Osten Schrott. Es gibt dieses unsägliche Diktum von diesem arroganten Arnulf Baring: »Das Regime hat fast ein halbes Jahrhundert die Menschen verzwergt, ihre Bildung verhunzt. Jeder sollte nur noch ein hirnloses Rädchen im Getriebe sein, ein willenloser Gehilfe. Ob sich dort heute einer Jurist nennt oder Ökonom, Pädagoge, Psychologe, Soziologe, selbst Arzt oder Ingenieur, das ist völlig egal. Sein Wissen ist auf weiten Strecken völlig unbrauchbar.«

Umso mehr überrascht mich, wenn ein Westdeutscher das hohe Lied auf die Bahn der DDR singt und die Ausbildung der Eisenbahner lobt.

Da bin ich etwas überfordert, für mich gilt immer: Was wahr ist, sollte auch so genannt werden. Eine der Ursachen der heutigen Bildungsmisere ist bestimmt auch die föderale Struktur. Als Eisenbahner musste ich oft umziehen, davon war auch immer meine Familie betroffen. Eine meiner Töchter hatte große Probleme, nach einem Umzug im neuen Bundesland schulisch wieder Fuß zu fassen.

Es gibt nur ganz wenige Bereiche, bei denen die einzelnen Bundesländer die Hoheit besitzen. Einer ist der Bildungsbereich. Es ist heute gut, dass duale Ausbildungen und Studienmöglichkeiten deutschlandweit angeboten werden.

Auch bin ich weit davon entfernt, die DDR-Ausbildung zu idealisieren. Und wir wissen, dass nicht jeder studieren oder das studieren konnte, was er oder sie wollte, und nicht jede oder jeder den Arbeitsplatz bekam, den sie oder er sich wünschte.

Lieber Herr Scherz, ich halte es für vernünftig, wenn der Staat zu steuern versucht und sagt: Ich brauche nicht zehntausend Philosophen, aber zehntausend Bauingenieure, tausend Kunstwissenschaftler sind zu viel, wir benötigen stattdessen tausende Ärzte. Und die brauchen wir nicht in den Metropolen, sondern auf dem flachen Land. Also schickt man den Mediziner nach Mönchsgut und nicht nach Marzahn, obwohl er viel lieber dort praktiziert hätte.

Die Universitäten heute produzieren Absolventen ohne Ende ungeachtet des realen Bedarfs in der Gesellschaft … Hauptsache, die Hörsäle sind voll.

Ja, ich halte es auch für sinnvoll und nützlich, wenn darauf Einfluss genommen wird, wer was studiert und wo er/sie später eingesetzt wird. Die Erfahrungen bei der Reichsbahn lassen mich diesbezüglich jedenfalls einiges anders sehen. Ein System jedoch, welches Zwang ausübt, ist kein gutes. Wir müssen Anreize setzen, z. B. für die Mediziner, die in Landarztpraxen gehen sollen. Auch kann der Staat z. B. über den Numerus Clausus steuernd einwirken. Auch die Unternehmen steuern die Bedarfe durch Einstellungen, Stipendien oder durch die Möglichkeit des dualen Studiums.

Sie bekamen also die gesamte Eröffnungsbilanz der Deutschen Reichsbahn Ostern 1990 auf den Tisch. Wie viele Mitarbeiter betraf das?

Etwa 25.000 weniger als die Bundesbahn hatte, und die zählte damals 249.000.

Und das, obgleich das Schienennetz im Osten wesentlich kleiner war als das der Bundesbahn?

Aber dafür hat die Deutsche Reichsbahn teilweise auch mehr Güter befördert als die Bundesbahn. Modernisierungen des Streckennetzes und somit Rationalisierungen hat es bei der Reichsbahn aber kaum gegeben.

Wie war das möglich, obwohl die äußeren Bedingungen nachweislich schlechter waren als in der Bundesrepublik.

Viele Strecken waren seit dem Krieg eingleisig, dann gab es das Problem mit den Alkali-Schwellen, die ausgewechselt werden mussten …

Dieses Problem gab und gibt es auch im Westen, das ist ein Beton-, kein Systemproblem. – Wenn man einen Fahrplan macht, dann muss man von den technischen Gegebenheiten ausgehen. Man darf nicht zu eng planen, weil man etwa mehr Trassen verkaufen will als man hat. Wenn man denkt, das gehe schon, bricht einem der ganze Fahrplan zusammen. Die Reichsbahn hat Dank ihrer Fachleute Fahrpläne konzipiert, die nicht nur funktionierten, sondern auch eingehalten wurden. Die Reichsbahn war dadurch ein verlässlicher Partner für die Bürger und für die Wirtschaft. Die Planer berücksichtigten in den Fahrplänen alle Langsam-Fahrstellen – wenn zum Beispiel eine Brücke marode war, konnte man nicht mehr mit 140 km/h darüber rollen, also musste das Tempo auf 30 km/h gedrosselt werden. Das haben sie alles berücksichtigt und mit im Fahrplan verarbeitet. Darum funktionierte er auch.

Ich erinnere mich, dass wir in der DDR einen Sommer- und einen Winterfahrplan hatten.

Die gibt es auch noch heute, wenn auch wegen der besseren Angebote und der Investitionen in die Infrastruktur sich die Fahrpläne nicht sehr unterscheiden.

Die Fahrpläne wurden als Broschüren ausgedruckt, und eine Kollegin, die in der Redaktion für Verkehrspolitik zuständig war, studierte diese Pläne stets sehr aufmerk-

sam, um festzustellen, welche Verbindung rausgefallen oder neu hinzugekommen war. Und die neuen wurden natürlich herausgestellt, weil sie für die These herhalten mussten, es gehe mit der Bahn aufwärts. Was es nach dem Empfinden des Normalreisenden nicht tat. Meine Erinnerungen an die DR sind: volle, überfüllte Züge, keine Mitropa-Versorgung und Warten auf Anschlusszüge auf zugigen Bahnsteigen.

Aber die Züge fuhren pünktlich. Mein Freund Hartmut, der in Dresden studierte, fand die vollen Züge wunderbar – er lernte dort in den überfüllten Gängen Studentinnen kennen, die er sonst nirgendwo getroffen hätte.

Deutsche Reichsbahn als Kontaktbörse … Kurios fand ich die sogenannten Interzonenzüge, also die Bahnverbindungen von Ost nach West, die auch noch so hießen, als es keine Zonen, sondern Staaten gab.

Die Reichsbahn hieß ja auch noch Reichsbahn, obwohl das Reich untergegangen war.

In der Mitropa in den Interzonenzügen konnte man bis zum Zielbahnhof Westkaffee für DDR-Geld trinken … – Sie wurden nun also vom Westen in den Osten geschickt, um zu helfen, die beiden Bahnen zusammenzuführen. Vergleichbares gab es in der Weltgeschichte noch nie.

Zumindest war uns das damals nicht so bewusst. Auch kannten wir die Bedingungen für einen liberalisierten Verkehrsmarkt in Europa noch nicht.

Was ist darunter zu verstehen?

In einem liberalisierten Eisenbahnverkehrsmarkt können Eisenbahnverkehrsunternehmen in Konkurrenz gegeneinander auf den Trassen der Eisenbahninfrastrukturunternehmen fahren. Das ist ähnlich den Slots im Luftverkehr, die von der internationalen und den nationalen Flugaufsichten vergeben werden. Es ist egal, welche Bahngesellschaft auf den Schienen fährt: Sie muss in den internationalen Verkehr eingebaut werden, dafür gibt es diese Slots, die auf der Schiene Trassen heißen. Und die müssen sich heute in Deutschland über 400 verschiedene Einzelunternehmen, sogenannte Eisenbahnverkehrsunternehmen im Personenfern- und im Personennahverkehr- und/oder im Güterverkehr teilen, also bei den Eisenbahninfrastrukturgesellschaften kaufen. Und das im Kontext mit einem funktionierenden Fahrplan im europäischen Bahnverkehr und den europäischen Regelungen.

Zunächst aber hatten wir ganz unten an der Basis anzufangen und die Vorschriften von DB und DR abzugleichen. Beide Bahnen besaßen tausende von Vorschriften, die aber nicht unbedingt inhaltlich gleich waren. Bevor man zusammenkam, musste man eine gemeinsame Sprache finden. Der Abgleich war Kärrnerarbeit!

Waren die DDR-Vorschriften zu ideologisiert?

Nein. Allenfalls die Kadervorschrift. Und selbst die war recht modern. Man hätte sie in jedem westlichen Unternehmen einsetzen können, um erfolgreich Führungskräfte zu entdecken und zu fördern. Man hätte nur die Worte »sozialistisch« und »SED« streichen müssen, dann hätte man sofort danach arbeiten können. Das waren klare, fachlich hervorragende Richtlinien. Die Menschen sind überall gleich. Der Unterschied bestand darin, dass es in dem einen System wurscht war, ob überhaupt oder in welcher Partei einer war, in dem anderen war es von großer Bedeutung.

Sie erwähnten wiederholt die Liberalisierung des europäischen Eisenbahnmarktes. Der Neoliberalismus – diese in den achtziger Jahren von den USA und Großbritannien forcierte Deregulierung, also Zurückdrängung des Staates, und die Globalisierung – setzte Entwicklungen in Gang, unter denen die Gesellschaften heute leiden. Der freie Markt brachte nicht im Geringsten eine Wettbewerbsordnung hervor, wie immer behauptet wurde. Durch den Einfluss großer Unternehmen und mit deren ökonomischer Macht wurden zudem dauerhaft die politischen Grundlagen der Staaten untergraben, sie gerieten in Abhängigkeit der Globalplayer, der multinationalen Konzerne. Nicht zu reden von der Privilegierung weniger Reicher auf Kosten der großen nichtprivilegierten Mehrheit. Welche Auswirkungen hatte dies auf den europäischen Eisenbahnverkehr?

Wenn man mit einem Zug fährt, ist man ein Eisenbahnverkehrsunternehmen. Man braucht eine Lokomotive, Waggons und Personal, welches das Geschäft beherrscht und die notwendigen Lizenzen besitzt. Der Zug fährt auf Gleisen, die gehören dem Staat. Und als Unternehmen kann man sich eine Trasse »kaufen«, auf der es fährt. Das ist wie bereits erläutert analog zur Luftfahrt. Die Liberalisierung des Eisenbahnverkehrsmarktes hat mehr Verkehr auf die Schiene gebracht, Wettbewerb und neue Möglichkeiten – wie zum Beispiel das Leasing von Fahrzeugen im großen Umfang – eröffnet.

Slots, das sagten Sie bereits. Der Himmel aber gehört allen.

Nein, eben nicht. Da gibt es Luftverkehrskorridore, und die werden – nach Absprache – genutzt. Denn verkehrte jede Airline dort nach eigenem Gusto, würde es wohl keine festen Ankunfts- oder Abflugzeiten geben und/oder es würde zu Unfällen kommen. Das muss also geregelt werden. Und nicht anders läuft es auf der Schiene. Nur ist die Flughöhe dort immer Null. Jeder Staat ist für die Vorhaltung von Verkehrssystemen verantwortlich. Straße, Schiene, Wasserstraßen, Luftfahrt. Neubau und Erneuerung der Bahninfrastruktur werden in der Europäischen Union immer vom Staat finanziert. Die Trassen werden nach festen Regeln und Katalogen vergeben. Das ist in Frankreich so, in Italien, Spanien usw. So können alle problemlos durch die EU-Staaten rollen. Aufsichtsbehörden wie die Kartellämter überwachen die faire Vergabe der Trassen.

Das Problem besteht doch in der Trennung von Schiene und Beförderungsmittel. Der Staat bleibt Eigentümer der Schiene, in die er investiert, und vermietet diese an einzelne Transportunternehmen.

Das ist doch gut so: Deshalb gibt es ja inzwischen auch so viele Unternehmen, und bedingt durch die entstandene Konkurrenz sind die Beförderungskosten z. B. bei den Gütern inzwischen erheblich geringer als seinerzeit bei der Behördenbahn. DB Cargo AG befördert heute etwa noch die Hälfte, die andere Hälfte teilen sich Dutzend andere Anbieter, an denen Industrieunternehmen, andere Staatsbahnen oder andere Institutionen beteiligt sind. Die machen sicherlich alle trotz niedrigerer Margen Gewinn – sonst würde dieser Markt nicht existieren.

Nur der Eigentümer der Schiene scheint keinen Gewinn zu machen, sonst wären die Anlagen nicht derart sanierungsbedürftig wie sie es gegenwärtig sind. Das Schienennetz sei desaströs, die Gleise teilweise marode. Das Netz werde seit Jahren auf Verschleiß gefahren, heißt es. Es geht auch das Gerücht, man habe die Infrastruktur vorsätzlich kaputtgespart. Warum? Um sie abzustoßen? Andererseits: Die gegenwärtige Bundesregierung hat mit der DB AG ein Infrastrukturprogramm bis 2030 über 45 Milliarden Euro abgeschlossen. Demnach sollen vierzig Abschnitte, zusammen ca. 9000 km Strecke, generalsaniert werden – heißt es.
Die Liberalisierung des Bahnmarktes begann in Großbritannien. Und dort ist nach meiner Kenntnis der Verfall am stärksten. Oder liege ich falsch?

2006/07 war ich in Großbritannien, um dort ein großes Unternehmen zum Thema Instandhaltung der Gleisinfrastruktur zu beraten. Da war der Zustand qualitativ auch nicht viel anders als bei uns. Der wesentliche Unterschied zu den Regelungen in Deutschland war jedoch damals, dass der Infrastrukturbetreiber in UK fast sämtliche Kompetenzen der Instandhaltung auf Firmen, also auf Dritte, verlagert hatte. Das hatte es in Deutschland zum Glück nie gegeben. Die Instandhaltung und die Verantwortung für die Anlagen sowie deren Vermarktung sind hier immer die Kernaufgaben der Eisenbahninfrastrukturunternehmen gewesen.

Was ja die Sache nicht besser macht.

Aus Perspektive der Eisenbahnverkehrsunternehmen ist der liberalisierte Eisenbahnverkehrsmarkt ein interessanter Markt geworden, egal wo. Auch auf den britischen Inseln. Es gibt Leasingfirmen, die Lokomotiven mit und ohne Personal, mit Waggons oder ohne zur Verfügung stellen. Man braucht als Transportunternehmen faktisch nur noch die Logistik und das Knowhow mitzubringen und Kunden gewinnen. Der Endkunde profitiert auch davon.

Und mitzubringen ist natürlich das Geld.

Das ist im Kapitalismus nun mal so. Aber in diesem offenen und freien Markt ist heute vieles möglich, was mit der Behördenbahn nicht ging. Gerade für Kapitalgeber ist der liberalisierte Eisenbahnverkehrsmarkt ein interessanter Markt, ja.

Aber augenscheinlich zahlt immer einer dabei zu: der Staat als Eigentümer der Schiene. Und der Staat ist der Steuerzahler. Also ist es auch hier wie überall: Die Belastungen und Aufwendungen werden sozialisiert, die Gewinne hingegen streichen andere ein.

Aber bevor wir uns nun völlig verzetteln, will ich doch zum Ausgangsthema zurückkehren. Sie bekamen Anfang 1990 den konkreten Auftrag von der Führung der Bundesbahn, die Fusion der beiden in Deutschland existierenden Staatsbahnen vorzubereiten. Hat es Diskussionen über den Namen »Deutsche Reichsbahn« und eine mögliche Fortführung unter diesem Label gegeben?

Die DDR hat den Namen »Deutsche Reichsbahn« aus wirtschaftlichen Gründen 1945 weitergeführt, und sei es auch nur, um die in Westberlin vorhandenen Anlagen der Deutschen Reichsbahn zu behalten und zu nutzen. Mit einigen Hundert Beschäftigten, mehr als dreihundert Kilometern Schienenwege und etlichen Gebäuden war das quasi ein sozialistischer Großbetrieb im kapitalistischen Westberlin. Der Gastronomiebetrieb der Reichsbahn war die MITROPA. Sie wurde sogar als Aktiengesellschaft weitergeführt, obwohl es im Sozialismus eigentlich keine Aktiengesellschaften hätte geben dürfen. Die Führung der Reichsbahn legte größten Wert darauf, weiter als der legitime Nachfolger der früheren Reichsbahn bis 1945 zu gelten. Auch die früheren Adressen des Reichsverkehrsministeriums bis 1945 und der Reichsbahnführung wurden beibehalten.

Wir aus dem Westen machten uns über den antiquierten Namen keine Gedanken; die Namensfindung der neuen Bahn kam ganz zum Schluss. Das war Chefsache der Bahn und der Politik. Wir nannten das ganze Vorhaben, zu dem ich in die DDR geschickt wurde, »Zusammenführung von Bundesbahn und Reichsbahn und Bildung einer Eisenbahnaktiengesellschaft«.

Ganz neutral?

Ja, ganz neutral. Namensfindung war nicht unsere Aufgabe, unsere Aufgabe war das konkrete Tun. Auf der anderen Seite war der Name natürlich belastet: Im Krieg rollten die Räder der Reichsbahn für den »Sieg der Nazis« und für die Vernichtung. Die Deportationszüge in die Konzentrationslager sind nicht vergessen. Der Name »Deutsche Bahn AG« wurde nach meiner Erinnerung auf dem kleinen Dienstweg zwischen Heinz Dürr (seit 1. September 1991 auch Generaldirektor der Deutschen Reichsbahn) und Bundeskanzler Helmut Kohl und Verkehrsminister Matthias Wissmann besprochen und festgelegt. Bemerkungen meiner Reichsbahnfreunde zum Wegfall des Namens Deutsche Reichsbahn sind mir keine bekannt. Wir im Projekt freuten uns alle auf den Neubeginn. Einige Bundesbahner trauerten um das alte Logo »DB«. Sie meinten witzigerweise, dass das neue Logo etwas »dürr« (Anspielung auf den damaligen Bahnchef Dürr) ausgefallen sei.

Aber das alles stand 1989/90 nicht im Vordergrund. Da die DDR-Wirtschaft nahezu kollabierte, waren auch weniger Güter zu befördern. Die Eisenbahner im Osten fürchteten um ihre Zukunft und um die ihres Unternehmens. Das waren die größten Sorgen.

Die Reichsbahn wurde nicht der Treuhand unterstellt. Da bestand also doch Hoffnung.

Ich verstehe ihre Ironie. Die Treuhand wollte die DR vielleicht auch haben, aber nach meiner Kenntnis haben die Regierung Modrow und die Regierung in Bonn das so entschieden, dass die Reichsbahn nicht in die Zuständigkeit der Finanzminister gelangte. Vielleicht ist das der Grund, warum beide Bahnen ohne betriebsbedingte Kündigungen zusammenkamen. Es lagen bis zur Bildung der Bahn AG bei der Reichsbahn in verschiedenen Zeitabschnitten fertige Planungen für betriebsbedingte Kündigungen vor, doch der Vorstand der Deutschen Reichsbahn hat es durch kluge Argumentation auf dem politischen Wege immer wieder vermocht, Entlassungen zu vermeiden. Das war ein sehr großer Erfolg in jener Zeit – eine Meisterleistung.

Gut gedealt.

Ja. Wobei es auch eine Phase gab, wo die Reichsbahn nichts mehr mit uns zu tun haben wollte.

Warum und wann?

Etwa ein Monat nach der Eröffnungsbilanz, also April/Mai 1990. Mein Chef und ich wurden vom Stellvertretenden Generaldirektor der Reichsbahn Hans Mauthner zum Essen eingeladen.

Wer war damals Ihr Chef, also der Vorgänger von Dürr?

Mein Chef war der Bereichsleiter für Organisation und Datenverarbeitung der Bundesbahn. Dieser war dem Vorstandsvorsitzenden Reiner Maria Gohlke direkt zugeordnet. Gohlke war seit 1982 Erster Präsident der Deutschen Bundesbahn, also Vorsitzer des Vorstandes. Im Sommer 1990 wurde er für kurze Zeit Chef der Treuhandanstalt, ehe Detlev Karsten Rohwedder übernahm. Bei einer ersten gemeinsamen Vorstandsklausur der Verantwortlichen von Bundes- und Reichsbahn wurde ein umfassendes Papier zur Zusammenführung der beiden Bahnen und Bildung einer Eisenbahnaktiengesellschaft erarbeitet. Die Veranstaltung war Anfang März 1990 in Zabeltitz nahe Dresden. Das Papier wurde daraufhin in Fachkreisen »Zabeltitz-Papier« genannt. Es beschrieb einen möglichen Weg der Zusammenführung der Unternehmen zu einer Eisenbahn AG und notwendige Neuplanungen für Neu- und Ausbaustrecken einschließlich einer ersten Kostenschätzung. Bei der Vorstellung im Bundesministerium für Verkehr fand das Papier keinen Anklang, es wurde als *Non Paper* verdammt. Einige Mitglieder des Vorstands der Bundesbahn wurden danach mit anderen Aufgaben in anderen Unternehmen des Bundes betraut. Über einen Zusammenhang mit dem Zabeltitz-Papier habe ich nie etwas erfahren. Bis zur Neubesetzung des Postens Vorsitzer des Vorstands der Bundesbahn am 1. Januar 1991 waren wir im Projekt quasi führungslos. Wir trieben in dieser Zeit die Kärrnerarbeit, z. B. die Zusammenführung der Richtlinien und Vorschriften, voran.

Zum oben genannten Abendessen mit Herrn Mauthner in einem Hotel an der Schillingstraße, inzwischen abgerissen, begleitete ich meinen Chef. Hans Mauthner eröffnete überraschend mit der Ansage: »So, Herr W. und Herr Scherz, Zabeltitz war ein Irrweg, den wir mit Ihnen gegangen sind. Sie haben den Kapitalismus nicht begriffen, Sie denken sozialistischer als wir es jemals taten. Ich habe mit dem Bundesverkehrsministerium

Die Deutsche Reichsbahn betrieb in der DDR-Zeit im Palais Zabeltitz eine Weiterbildungseinrichtung. Dort besprachen im März 1990 die Spitzen der beiden deutschen Bahnbetriebe deren Zusammenführung

ausgemacht, dass wir künftig auf einem liberalisierten europäischen Verkehrsmarkt miteinander konkurrieren werden.«

Danach war Funkstille. Mein Kollege in der Krausenstraße, mit dem ich mich bereits angefreundet hatte, durfte mich nicht einmal mehr anrufen.

Wie lange hielt der Zustand an?

Etwa drei Wochen.

Und die Sendepause endete warum?

Weil Hans Mauthner verhaftet wurde und später auch zu einer Gefängnisstrafe verurteilt wurde. Er hatte eine Goldene Kreditkarte mit einem Volumen von 600.000 DM für irgendeinen Deal zugesteckt bekommen, das lief unter Korruption und Bestechung. Da er die Karte nur mit 3.000 DM belastet hatte, wurde die Haft zur Bewährung ausgesetzt. Ich unterstelle, dass Hans Mauthner sich nicht persönlich bereichern wollte, er war, so wie ich ihn kennengelernt habe, ein anständiger, ehrlicher Mensch. Er wollte vermutlich den Kreditrahmen für den Fall nutzen, dass irgendwelche Sachen im Westen gekauft werden mussten. Erinnern wir uns: Zu jener Zeit hatte die DDR noch ihre nicht konvertierbare Mark – die Währungsunion erfolgte erst am 1. Juli.

Außerdem hatte Mauthner wohl keinen guten Rechtsanwalt. Der schaffte es noch nicht einmal, Herrn Mauthner aus der U-Haft zu holen, obwohl keinerlei Fluchtgefahr bestand. Er hat wirklich anderthalb Jahre in Untersuchungshaft gesessen.

Und wer war Mauthners Chef?

Immer der Verkehrsminister der DDR, der gleichzeitig bis zum 6. Dezember 1989 auch immer Generaldirektor der Deutschen Reichsbahn war. Nach dem Rücktritt von Minister Otto Arndt im November 1989 – er hatte seit 1970 amtiert – waren das für jeweils kurze Zeit Heinrich Scholz, Herbert Keddi und Horst Gibtner.

Diese Namen sagen mir nichts. Wer folgte auf Mauthner?

Nach Hans Mauthner wurde Dr. Werner Wirth, ein weiterer stellvertretender Generaldirektor, Projektleiter auf Seite der Reichsbahn. Er war bis dahin für Maschinen, Wagen, die ganze Technik verantwortlich. Ein fantastischer Partner und Kollege.

Nach den drei Wochen der Pause habe ich also meine Kollegen drüben – auch so ein Begriff im Westen aus der Vorzeit – wieder angerufen oder sie bei mir und wir haben weitergearbeitet, als sei nichts gewesen.

Was könnten die Gründe gewesen sein, dass Hans Mauthner derart abrupt die Brücken zu den Beauftragten der DB aus Frankfurt abgebrochen hatte?

Keine Ahnung, wir können ihn nicht mehr fragen, er ist 2013 verstorben.

Was vermuten Sie?

Nachdem mein Chef und ich uns auf der Dachterrasse des Hotels nach der Ansprache von Herrn Mauthner aus Frust und Enttäuschung dienstlich zu viel Bier gegönnt hatten und am anderen Morgen wieder fit im Kopf waren, stellten wir uns diese Frage natürlich auch. Mit dem Abstand von Jahren und dem Wissen von heute gebe ich Mauthner in einigen Punkten recht: Die Bundesbahn war ein quasi-sozialistischer Betrieb. Es ging alles nach Dienstalter und Laufbahn, nicht immer nach Leistung. Wesentliche Personalmengen wurden bemessen, es gab hierfür sogenannte Personalbemessungsausschüsse. Dieser Fakt zum Beispiel lies unternehmerisches Wirken durch die damals verantwortlichen Leiter kaum zu. Erst mit der Bahn AG kam auch eine konsequente Buchführung nach Handelsrecht, mit der man die Schwachstellen des Unternehmens klar erkannte: wo werden Verluste eingefahren, wo zahlt das Unternehmen drauf. Natürlich sah man auch, wer und was die Gewinne machte. So überraschte es denn nicht, dass Führungskräfte der Bundesbahn bis auf einige Ausnahmen in der neuen Bahn AG scheiterten. Sie waren nicht gut genug, hatten nicht gelernt, wie man eine Organisation im Wettbewerb zu führen hatte.

Mit Verlaub: Nicht Mauthner hätte in den Knast gehört, sondern Führungspersonen der Deutschen Bahn, die das Unternehmen in die Grütze geritten hatten und sich unfähig zeigten, sie dort auch wieder herauszuführen. – Nun könnten wir streiten, ob Trägheit, Bequemlichkeit und Unfähigkeit Ausdruck für Sozialismus sind, wie Sie unterstellen. Aber lassen wir das. Meine Ex-Schwiegertochter – zu jung, um in der DDR gearbeitet zu haben – hat einen Job bei einem sehr großen Automobilhersteller. Sie sagte, so muss es auch in den volkseigenen Betrieben zugegangen sein: starres, motivationsloses Arbeiten nach Plan, Bürokratendenken, unflexibel in jeder Hinsicht bis hin zu folgenloser Faulheit.

Ja, so war es oft bei der Behördenbahn. Noch einmal: Das, was Hans Mauthner gemacht hat und was ihm widerfuhr, war nicht in Ordnung. Er hätte die Karte nicht annehmen dürfen. Auch Ihre Bemerkungen zu den Führungspersonen der Deutschen Bahn verstehe ich in keiner Weise. Das Unternehmen DB AG funktioniert und kommt seiner Aufgabe, leider aktuell mit Qualitätsproblemen, sehr gut nach. Von »in die Grütze reiten« kann keine Rede sein. Die Probleme der Infrastrukturunternehmen der DB AG, welche zu den Qualitätseinbußen führten, sind in Jahrzehnten entstanden. Ursachen waren die zu geringe Dotierung der Erneuerung von Bahnanlagen und ungenügender Neu- und Ausbau der Eisenbahninfrastruktur. Der Staat hätte in den letzten Jahrzehnten einen kontinuierlichen und ausreichenden Mittelfluss für diese Bautätigkeit sicherstellen müssen. Gleiches gilt auch für die Bundesfernstraßen, ansonsten wären nicht so viele Brücken dringend erneuerungsbedürftig.

Haben sich die drei Wochen Funkstille nachteilig auf den Zusammenschluss ausgewirkt?

Nein. Es war allenfalls schade, dass der Mauthner danach nicht mehr dabei war, er war ein guter Fachmann. Sein Nachfolger Dr. Wirth war ebenfalls ein hervorragender Fachmann als Mensch jedoch ganz anders, kein Offizierstyp. Er war ausgeglichen, sympathisch, sehr angenehm. Auch er vor allem ein Fachmann der Eisenbahn. Wir haben sehr konstruktiv zusammengearbeitet.

Mauthner war Feldherr.

Der Verkehrsminister, der *unter* ihm gearbeitet hat, wusste, was er an ihm hatte.

Haben Sie auch anderenorts Offizierstypen bei der Reichsbahn getroffen?

Ja, doch. Der Umgang unter den DDR-Eisenbahnern war ein ganz anderer als bei uns bei der Bundesbahn. Es gab Befehl und Gehorsam wie bei der Armee, alles war streng organisiert. Am meisten geschockt hat mich der Spruch: »Wer lacht, hat noch Reserven.« Den finde ich heute noch gruselig. Die Reichsbahn war wie der kleine Bruder der Armee, wozu schließlich auch die Uniformierung von ganz oben bis nach ganz unten gehörte. Bei der Bundesbahn trug man nur noch Dienstkleidung, dort wo es Kundenkontakte gab. Als Heinz Dürr 1991 Erster Präsident der Deutschen Bundesbahn geworden war und zum ersten Mal bewusst einen Lokführer von der Maschine herabsteigen sah, fiel er fast in Ohnmacht. Der Kollege trug alte Jeans und ein kariertes Hemd. Wo gebe es denn so was, sagte Dürr verärgert, jeder Schiffskapitän und jeder Lufthansapilot ist stolz auf seine Arbeit und trägt darum Uniform. Die Lok-Führer bekamen sofort eine neue Dienstkleidung.

Mal wert- und ideologiefrei gefragt: Was hielten Sie von dem semimilitärischen Charakter der Reichsbahn?

Also in der westdeutschen Behördenbahn waren wir zu großen Teilen Beamte, also Staatsdiener. Warum? Damit wir nicht streikten. Das Berufsbeamtentum hatte der Kaiser eingeführt, die Beamten bildeten das Rückgrat des Staates und das Korsett, um alles zusammenzuhalten. In letzter Konsequenz sage ich: um auch Kriege führen zu können, denn an der Heimatfront brauchte man Ruhe, und die Bahn benötigte man schon im ersten Weltkrieg speziell für Militärtransporte.

Lange Zeit waren die Staatsbahnen auch noch nach dem Zweiten Weltkrieg systemrelevant. Beide Bahnen trugen die Hauptlast im Personen- und Güterverkehr.

Erst mit dem Siegeszug des Kraftfahrzeuges konnte auf den Behördenstatus verzichtet werden.

Und nun zu Ihrer Frage: Ich persönlich mag den Kommandoton nicht. Es gibt Situationen, wo er erforderlich ist, zum Beispiel wenn Gefahr im Verzug ist. Es ist besser, die Mitarbeiterinnen und Mitarbeiter als mündige Kolleginnen und Kollegen zu betrachten und sie zu motivieren und jede Aufgabe oder Funktion zu erklären. Ich habe bei den Bahnen damit nur beste Erfahrungen gemacht.

Der Klassenkampf fand auch im Westen statt. Da wurde er nur nicht so genannt und auch nicht so empfunden.

Ja. Also in der Behördenbahn wie auch in der Reichsbahn herrschte in der Nachkriegszeit der Kommandoton vor. Bei uns in der Bundesrepublik erledigte er sich irgendwann in den sechziger und siebziger Jahren, die alte Generation trat ab. In der DDR wurde er beibehalten. Inwieweit er nicht verzichtbar gewesen war, kann ich nicht beurteilen.

Sehr diplomatisch.

Also für mich war es eine andere, neue Kultur, die ich in Berlin Ost erlebte. Ich nahm sie kritiklos zur Kenntnis. Das eine System funktionierte halt so, und das andere eben auf seine Weise. Ich konnte mit dem Herrn Mauthner problemlos reden, weil mein Vater, wenn er mich tadelte, so mit mir gesprochen hatte. Ich war zu Hause im Wesentlichen auch nach den Prinzipien Befehl und Gehorsam erzogen worden.

Mit dem Abstand von dreißig Jahren: Ist die mit der Fusion eingeleitete Bahnreform gelungen? Sie sah ja drei Punkte vor: bis 1994 Zusammenschluss von Deutscher Bundesbahn und Deutscher Reichsbahn zu einem wettbewerbsfähigen Bahnunternehmen, welches – zweitens – den Bundeshaushalt entlasten sollte (will heißen: weniger oder keine Schulden machte), und drittens schließlich: stärkere Verlagerung des Verkehrsaufkommens auf die Schiene.

Also was die beiden ersten Punkte betrifft, kann man von einem Erfolg sprechen. Das Defizit der Bahn war vor der Fusion derart dramatisch, dass es ein Risiko für die Bundesrepublik darstellte. Das aber ist Geschichte. Die Bahn AG ist kein Ballast mehr, kein nicht mehr beherrschbares Risiko. Sie funktioniert, wenn auch gegenwärtig mit Qualitätsproblemen im Personenverkehr. Es fehlen wohl Fahrdienstleiter, Lokführer, qualifiziertes Personal und ausreichende Gelder des Staates für die Infrastruktur … Wenn ich als Unternehmen nicht ausreichend Mitarbeiter auf dem Markt gewinne, dann mache ich etwas falsch. Die Berliner Verkehrsbetriebe beispielsweise haben wohl genug Straßenbahnfahrer, obwohl auch sie im Schichtbetrieb arbeiten und der Dienst angesichts der Verkehrsdichte in der Hauptstadt wahrlich anstrengend ist. Was machen die BVG anders und besser als die Bahn AG?

Was sagen Sie?

Ich bin seit 2007 draußen, ich kann das nicht beantworten.

Na, kommen Sie …

Vielleicht liegt es an der Bezahlung, vielleicht am Schichtdienst, und drittens vielleicht, was man nicht unterschätzen darf: am Image des Unternehmens. Das der Bahn ist aktuell einfach nicht gut. Vielleicht verstehen auch mögliche Interessierte nicht unsere Politiker. Einige Politiker sprachen erst vor kurzem offen von einer notwendigen Zerschlagung des Konzerns. Gegenwärtig werden die Infrastrukturunternehmen *Station und Service AG* und *DB Netz AG* des Konzerns zum Januar 2024 zu einer Gesellschaft mit einer neuen unternehmerischen Ausrichtung zusammengefasst. Diese Diskussionen und Baustellen halten an – und das seit der Bahnreform 1994. Wenn ich als Arbeitnehmer die Wahl habe zwischen der Bahn, um deren Zukunft ich mir Gedanken machen muss, und einem anderen Unternehmen, dann gehe ich doch zu einem Betrieb mit Zukunft, bei dem nicht über Zerschlagung geredet wird.

Aktuell kann man der Bahn AG gratulieren, sie hat 5.500 Auszubildende gewinnen können. Und das bei dem großen Wettbewerb wegen des Fachkräftemangels.

Wann ist Dürr gegangen?

Als Aufsichtsratsvorsitzender der Deutschen Bahn AG trat er 1999 zurück. Er ging vorzeitig, leider. Er war mein bester Chef.

Noch mal zum schlechten Image der Deutschen Bahn AG.

Genau. Es ist eine Binse: Wenn man auf sein Unternehmen stolz ist, geht man auch gern zur Arbeit. Ist die

Außenwirkung nicht so gut, sucht man sich lieber einen anderen Arbeitgeber.

Wann haben Sie jemals einen lobenden Beitrag über die Bahn gelesen oder gesehen? Es ist leider Mode geworden, über die Bahn zu schimpfen oder zu lästern. Ein Beispiel: Gestern fuhr ich von Berlin mit dem ICE nach Frankfurt am Main. Im Großraumwagen unseres pünktlichen ICE erfuhr ein Ehepaar über die Bahn-App, dass sie wegen eines anderen verspäteten ICE jetzt früher an ihr Ziel kommen könnten. Ihre Umsteigezeit in Frankfurt verbesserte sich. Anstatt sich zu freuen, redeten diese Menschen nur noch laut im Großraumwagen über die »Unfähigkeit der Bahn«.

Ach, jetzt sind die Journalisten mal wieder Schuld.

Nein, natürlich nicht. Wenn das Unternehmen nichts Positives anbietet, kann man auch nicht auf positive Bilder hoffen. Für mich ist das Imageproblem der Bahn auch selbst verschuldet. Und dafür sind nicht nur die Negativschlagzeilen in der Presse ursächlich, nicht nur die Verspätungen im Personenverkehr.

Für das schlechte Außenbild sehe ich mehrere Ursachen. Zum einen ist die Bahn auch ein Politikum, womit automatisch Interessengruppen, Lobbyisten und wirtschaftliche Kreise auf den Plan treten, die es besser wissen als der Bahnvorstand und sich öffentlich einzumischen versuchen, also Stimmung für die eigene Sache machen. Dann gibt es ferner die Arbeitnehmer mit ihren Gewerkschaften. Diese stehen sich in einem erbitterten Konkurrenzkampf gegenüber. Die einen sagen: Die Bahn muss ein integrierter Konzern bleiben – die anderen fordern, die AG zu zerschlagen. Wer fängt in einer Firma an zu arbeiten, die möglicherweise zerschlagen wird, also eventuell keine Zukunft hat?

Mit dem Niedergang der Bahn verbinde ich unmittelbar den Namen Hartmut Mehdorn, er war von 1999 bis 2009 Vorstandsvorsitzender der Bahn AG. Danach stand er vier Jahre am Milliardengrab BER.

Da widerspreche ich Ihnen vehement: seine Zeit war wirklich kein Niedergang. Wir haben unter Mehdorn immer mehr Züge gefahren, haben mehr Güter transportiert und Personen befördert. Mehdorn hat sich nach außen immer demonstrativ vor seine Eisenbahner gestellt. Mindestens in einem Fall war das jedoch ein Fehler. Er hat sich beispielsweise im Frühstücksfernsehn mit Manfred Schell, dem damaligen Vorsitzenden der Lokführergewerkschaft, gezofft – das macht man nicht. Solche Auseinandersetzungen führt man hinter verschlossener Tür. Vor der Kamera aber demonstriert man, dass man gemeinsam an einem Strang zieht – im Interesse des Unternehmens Bahn, im Interesse der Kunden, im Interesse der Kolleginnen und Kollegen.

Nach meinem Eindruck ging alles, was Mehdorn anfasste, in die Hose.

Da sehe ich nicht so. Mehdorn hatte intern immer einen starken Rückhalt. Ähnlich wie Heinz Dürr. Die Leute haben ihm vertraut, er war verlässlich, stand zu seinem Wort. Er konnte mit dem Rangierer, mit dem

Gleisbauarbeiter, mit dem Lokführer reden – Mehdorn war authentisch. Und wenn Sie sich die Zahlen beim Güter- und Personenverkehr anschauen, dann wuchsen diese stetig. Daran hatte auch Mehdorn seinen Anteil. Wie er eben auch mitverantwortlich ist an der schlechten Öffentlichkeitsarbeit.

Sie hatten eingangs die Vorzüge der Bahn AG gegenüber der Behördenbahn hervorgehoben, die Abnabelung des Unternehmens vom Staat. Inwieweit ist die Politik der Bahn noch immer abhängig von der Politik?

Wir haben seit 1994 das *Allgemeine Eisenbahngesetz* (AEG), dessen Inhalte zumindest teilweise verbal von verschiedenen Politikern infrage gestellt werden. Beschlossen war damals – als erste Stufe der Bahnreform – ein integrierter Konzern ohne Tochtergesellschaften. Stufe zwei: die Bildung der Tochtergesellschaften Nahverkehr, Fernverkehr, Güterverkehr und Infrastruktur unter dem Dach einer Holding, also die DB AG. Die Aktien der ausgegliederten Tochtergesellschaften sind zu hundert Prozent im Eigentum der Bundesrepublik. In einem dritten Schritt, der zeitlich nicht fixiert wurde, sollte die Holding eingespart werden und die Tochterunternehmen einzeln auf dem Markt agieren, also handelbar werden. Dadurch sollte frisches Kapital in die Gesellschaften fließen.

Das ist nicht erfolgt. Eine Gewerkschaft hat erfolgreich dagegen gekämpft. Dann gab es den Deal: Die Infrastrukturaktien sollen nie verkauft werden, sie sind die Verkehrswege der Bundesrepublik Deutschland und bleiben in deren Besitz. Alles andere soll vielleicht teilweise veräußert werden können.

Die Diskussion darüber aber ist bis heute nicht entschieden. Die gegenwärtige Regierung hält an der Idee des integrierten Konzerns fest, Teile der oppositionellen Union wollen den Konzern zerschlagen. Fakt ist, die DB AG gehört aktuell zu 100 Prozent der Bundesrepublik Deutschland. Die Bundesrepublik hat alle Möglichkeiten sich über die Gremien der Bahn einzubringen. Sie kann die Satzung, den Geschäftszweck und die Vertreter der Arbeitgeberseite im Aufsichtsrat der Bahn bestimmen. Sie bestimmt somit das Führungspersonal und, wie oben bereits erwähnt, die Organisation. Die Bundesrepublik legt über ihre Regierung den Teil des Haushaltes für die Erneuerung, den Ausbau und den Neubau der Infrastruktur fest. Mehr Einfluss geht eigentlich nicht.

Eine öffentliche, politisch konnotierte und kontroverse Diskussion ist für das Unternehmen Bahn und dessen Image schädlich. Wie ich schon sagte: Wer beginnt bei einem Konzern zu arbeiten, dessen Zukunft unklar ist? Ich meine, dass der Staat eine klare Ansage machen muss: So ist es, so machen wir's, so führen wir die Bahn die nächsten hundert Jahre. Nach jeder Wahl eine neue »Idee« zu kreieren und zu debattieren, ist aus meiner Sicht da wenig hilfreich.

Also ist für das schlechte Ansehen der Bahn nicht nur die mangelhafte PR-Arbeit, sondern auch die interessengeleitete Politik verantwortlich.

Aus meiner Sicht: ja. Der Staat hat die Eisenbahninfrastruktur, die Straßeninfrastruktur und die Infrastruktur der Wasserwege in der Vergangenheit, wie die Öffentlichkeit sagt, kaputtgespart. Ich war im Vorstand der *DB Netz AG* und dort verantwortlich für die Instandhaltung und Instandsetzung der Bahnanlagen. 2006 war ich, nach drei Jahren in dieser Funktion, völlig ausgebrannt. Mit den geplanten Mitteln war trotz größter Mühen nicht auszukommen.

Aber es wird doch nach Ansicht der Umweltaktivisten viel zu viel in die Straße gesteckt.

Zu den Zielen der unterschiedlichen Umweltaktivisten kann und will ich mich nicht äußern. Richtig ist, wenn man mehr Güter auf die Schiene verlagern möchte, muss man zuerst die Schieneninfrastruktur deutlich stärken, bevor maßgebliche Mengen verlagert werden können. Denken Sie nur an das Rheintal: Dort fahren die Güterzüge fast schon im U-Bahntakt. Mehr geht kaum noch. Wenn der Straßengüterverkehr deutlich verringert werden soll, kommen wir kaum um einen Neu- oder deutlichen Ausbau herum. Wenn die Bundesrepublik dieses machen will, muss sie dafür die notwendigen Gelder zur Verfügung stellen und die Planungszeiten massiv verringern.

Die Straße transportiert siebzig Prozent der Güter, eine gewaltige Leistung. Bis die Aus- oder Neubauten für die Güterzüge fertig sind, muss die Straßeninfrastruktur halten. Wenn Autobahnbrücken wieder gesperrt werden müssen, hilft das niemandem. Außerdem, ich formuliere vorsichtig, wurde auch oft zu wenig aus dem Geld »gemacht«.

Das heißt?

Die vom Bund zugewiesenen Mittel wurden und werden zu Teilen auch »verplempert«, falsch eingesetzt, oder von einigen Bundesländern nicht vollständig abgerufen. Sie kennen das »Schwarzbuch«, das der Bund der Steuerzahler regelmäßig zur öffentlichen Verschwendung veröffentlicht? Meist handelt es sich um Fehlinvestitionen von Kommunal- und von Landesparlamenten, die kritisiert und in Satiresendungen des Fernsehens bundesweiter Heiterkeit ausgesetzt werden. Ein sehr großes Problem ist: Die verantwortlichen Minister haben nur wenige Jahre Zeit, sinnvolle Maßnahmen umzusetzen. Sie sind auf das Wissen und die Erfahrung der ihnen zugewiesenen Beamten angewiesen. Wenn diese Mitarbeiter und Mitarbeiterinnen einen ehrlichen Überblick über die Qualität der Infrastruktur der vergangenen Jahrzehnte gegeben hätten, wären vielleicht viele Entscheidungen anders gefallen. Ich kann mir nicht vorstellen, dass die seit vielen Jahren verantwortliche Ministerialbürokratie nicht um den schlechten Zustand der Verkehrswegeinfrastruktur gewusst hat.

Organisierte Verantwortungslosigkeit. Und die Abwesenheit von Idealismus.

Das kommt noch hinzu. Wenn ich für die Aufgabe, für die berufen wurde, nicht auch persönlich brenne und nur einen Job mache, der mir materiell ein gutes individuelles Leben sichert, dann sollte ich besser etwas anderes machen.

Sie sprechen jetzt ex-negativo auch über die Motivation der meisten Reichsbahner, wie Sie sie 1990 erlebt haben?

Nein, ich spreche nicht über die Eisenbahner und Eisenbahnerinnen, die waren und sind immer noch hoch motiviert. Ich spreche über die Verwaltungen in den Ministerien, die die Minister nicht umfassend über den ernsten Zustand der Infrastruktur der Bahn und der Straße sowie über marode Schleusentore an einigen Wasserstraßen informiert oder deren Zustand beschönigt haben. Und wenn sie es doch gemacht haben, jedoch abgeblitzt sind, hätten sie aus meiner Sicht öffentlichkeitswirksam um eine Versetzung bitten müssen.

Augenblicklich wird in den Eisenbahn- und Straßenausbau bzw. -instandhaltung so viel gesteckt wie seit Jahrzehnten nicht. Hat »die Politik« begriffen, wie nachlässig mit der Infrastruktur jahrzehntelang umgegangen wurde?

Einmal das. Zum anderen hat man begriffen, dass im Interesse der Klimapolitik Verkehr neu organisiert werden muss. Ich hoffe nur, dass das auch nach dem nächsten Regierungswechsel so bleibt. Wir brauchen Kontinuität und Nachhaltigkeit auch auf diesem Gebiet. Denn eine solche Chance für einen Neustart, wie sie sich etwa nach der »Wende« in der DDR und mit der Herstellung der staatlichen Einheit mit den Verkehrsprojekten Deutsche Einheit ergab, bekommen wir nie, nie wieder.

Mit Jens Brückner, dem wichtigsten Kollegen und engsten Freund bei der Deutschen Reichsbahn, vor der einstigen DR-Zentrale in der Ruschestraße in Berlin-Lichtenberg

Letzte Frage, und die stellt ein gelegentlicher Bahnkunde, der trotz gestiegener Benzinpreise und entgegen seines Umweltbewusstseins die Autofahrt der Bahnfahrt aus einem einzigen Grund vorzieht: Er durchschaut das komplizierte Ticket-System der Bahn nicht! Warum kann man nicht wie früher an einen Schalter gehen, den Zielbahnhof nennen und ein Billett erwerben? Um die Automaten zu verstehen, muss man vorher einen Ingenieurlehrgang besuchen. Jede Region hat ein anderes Tarifsystem, oder/und man quält sich stundenlang online durch Internet-Seiten mit den absurdesten Angeboten, um später auf dem Bahnhof festzustellen, dass es den reservierten Platz nicht gibt, weil der Wagen nicht am Zug hängt oder an anderer Stelle rollt, als auf der Tafel am Bahnsteig angezeigt ist.

Es herrscht ein schwer zu durchschauendes Chaos, das einem die Lust aufs Reisen mit der Bahn vergeht. Ein ökologisch vernünftiges und notwendiges Verkehrsmittel wird dadurch ausgebremst.

Jetzt muss ich schmunzeln: Denn ich nutze einfach die App zum Beispiel die der DB AG oder die meines Verkehrsverbundes, und dann ist alles sehr einfach. Wenn ich den Fernverkehr der Bahn AG nutzen möchte, sollte ich frühzeitig buchen, dann sind die Preise günstiger. Auch gibt es bei der Bahn die »Schalter« noch, sie heißen heute nur »Reisezentrum« … Nein, im Ernst: Ich teile Ihre kritische Sicht auf die unterschiedlichen Verkehrs- und Tarifverbünde, die den Zugang zur Bahn erschweren, nicht zu reden von den Preisen im öffentlichen Personennahverkehr. Das ist Ländersache, so heißt es im Gesetz von 1994, und jeder macht nun sein eigenes regionales Geschäft. Die Zuständigkeiten sind auch im Grundgesetz geregelt, d. h. zur Etablierung eines einfachen, einheitlichen Tickets müsste das Grundgesetz geändert werden, oder das Deutschlandticket weiter vorangebracht werden..

Das Grundgesetz ist in der Vergangenheit bereits so oft geändert worden, warum nicht auch aus diesem Grunde, damit ein bundesweit geltendes, vernünftiges und verständliches Tarifsystem für die Schiene etabliert werden kann?

Das ist eine gute Frage, die die Wahlberechtigten vor der nächsten Wahl zum Bundestag und der zu den Landesparlamenten jedem Kandidaten stellen sollten.

Um mich nicht falsch zu verstehen: Ich teile Ihre Auffassung wie ich auch meine, dass das gegenwärtige 49 Euro-Ticket viel zu teuer ist. Diese Tickets werden sich eine vierköpfige Familie mit geringem Einkommen kaum leisten können. Ich setze auf die Macht des Faktischen – die CO_2-Emissionen müssen drastisch reduziert werden, es müssen darum mehr Menschen und mehr Güter auf der Schiene und immer weniger auf der Straße befördert werden. Also muss man die Tarife reduzieren und vereinfachen, um die Attraktivität der Systeme Bahn und öffentlicher Personennahverkehr zu erhöhen. Reisen mit Bahn und Bus darf kein Luxus, sondern muss Alltag werden, also vor allem bezahlbar sein. Die Schiene, also die Unternehmen der Eisenbahnen, der U-Bahnen, der S-Bahnen und die der Straßenbahnen sind neben den Bussen für die Verkehrswende das wichtigste Vehikel und somit auch sichere Unternehmen für eine berufliche Zukunft. Ich verstehe nicht, warum die Bahnen dieses Argument nicht noch stärker zur Verbesserung ihres Images einsetzen. Aus meiner Sicht reicht es nicht, wesentliche Bahnlobbyarbeit beispielsweise über die ausgezeichnete Lobbyvereinigung »Allianz pro Schiene« zu betreiben. Die Bahnen selbst und die Unternehmen im öffentlichen Personennahverkehr müssen aus meiner Sicht zusätzlich und selbst noch viel lauter rufen.

Gespräch: Frank Schumann

Wiedersehn am Schöneberger Ufer 1. Einst Sitz der Königlichen Eisenbahndirektion Berlin (siehe Flügelrad), später der Reichsbahndirektion, bis 2002 genutzt von der Deutschen Bahn, jetzt Bundespolizeidirektion 11 mit der GSG 9. Von links nach rechts: Hartmut Ritter (DR) mit Ehefrau, Wolfgang Scherz (DB) mit Ehefrau, Robby Wirth, Sohn des Stellvertretenden Generaldirektors der DR, mit Ehefrau

1.
Am Start ein Rückblick

November 2021: Joachim meinte unvermittelt, dass ihm der Palast besser gefallen habe, den hätten sie ihm gestohlen. Jens ergänzte mit dem Hinweis auf Asbest. Beiden fielen sofort noch weitere Gebäude ein, bei denen das gleiche Material verwendet worden sei. Sie würden weiter genutzt, es gäbe keine Krebstoten.

Ich hatte kurz zuvor lediglich berichtet, dass ich am Abend vor unserem Wiedersehen erstmals am fertigen Neubau des Berliner Stadtschlosses vorbeiflaniert sei, die komplette Allee Unter den Linden bis zur Staatsoper hinunter, der Gehsteig war wieder frei. Nun sei es wirklich und endlich eine Prachtstraße. Die Baustellen am Schloss seien geräumt, die nächtliche Ausleuchtung faszinierend und die Großzügigkeit des Boulevards überwältigend.

Ich hatte nicht gesagt: Gut, dass »Erichs Lampenladen« verschwunden ist. Als Westdeutscher dachte ich das zwar manchmal, aber so etwas sagte ich nicht und schon gar nicht im Beisein meiner vier ostdeutschen Freunde. Ich weiß, dass solche Äußerung nicht nur die vier schmerzte, mir stand ein solches Urteil auch nicht zu. Jeder Mensch auf dieser Welt reagiert gekränkt oder traurig, wenn ihm etwas genommen wird, auf das er stolz ist. Alle Kolleginnen und Kollegen der Deutschen Reichsbahn, vom Fahrer bis zum Generaldirektor, die ich hatte kennenlernen können, waren auf den Palast der Republik stolz. Als er noch stand und wir daran vorüberfuhren, bekam ich von allen persönliche Geschichten zu hören, die sie hier erlebt hatten. Die emotionale Beziehung war deutlich zu spüren. Für mich war es ein Gebäude wie jedes andere. Ich war in einem anderen Staat aufgewachsen.

Doch wenn ich es recht bedachte: Der Palast stand für vieles, er war gleichsam eine Metapher.

Freundschaft ist ein wertvolles Gut, und die Freundschaft zwischen den Eisenbahnern der einstigen Deutschen Reichsbahn (DR) und der früheren Deutschen Bundesbahn (DB) empfinde ich als besonders wertvoll. Bedingt durch den Lauf der Zeit werden leider diejenigen immer weniger, die die beiden alten Bahnen noch erlebt haben. Jens, Hartmut, Volker, Joachim und ich, der Westimport, kennen uns seit Januar 1990, die vier Ostdeutschen natürlich schon länger – sie waren Kollegen bei der DR. Jens war der Erste, mit dem ich telefonierte.

Ich kam aus Frankfurt am Main und vertrat die Bundesbahn bei dem Vorhaben, die beiden Bahnen in vier Jahren zusammenzuführen. Es ging dabei nicht nur um ein Strategie- und Organisationsprojekt – es ging um die Zukunft des Schienenverkehrs in Deutschland. Unseren Teil dieses einmaligen Projektes haben wir mit Erfolg bewältigt, auch wenn wir am Anfang nicht wussten, was auf uns zukommen würde. Intuitiv hatten wir jedoch vom ersten Telefonat an richtig gehandelt.

Wir empfanden Respekt voreinander und vor der Arbeit aller Eisenbahnerinnen und Eisenbahner, egal, ob sie im Sozialismus oder im Kapitalismus arbeiteten. Also verhielten wir rücksichtsvoll gegenüber dem jeweils anderen und akzeptierten die jeweiligen Gebräuche, Empfindungen, Sprachen oder Förmlichkeiten, die sich in fast einem halben Jahrhundert herausgebildet hatten. Noch immer halte ich wechselseitigen Respekt vor der Leistung des anderen für die beste Basis von Erfolg und Freundschaft.

Ich war 35 Jahre lang Eisenbahner: auf Baustellen oder im Büro, im Güterverkehr oder in Chefetagen. Danach wechselte ich in eine Straßenverkehrsverwaltung. Von Januar 1990 an bis Januar 1994 arbeitete ich in dieser Zeit gemeinsam mit meinen späteren Freunden der Reichsbahn und großartigen Teams beider Bahnen für deren Zusammenführung. Zum Glück wussten wir im Januar 1990 nicht, welche Herausforderungen und Skurrilitäten uns begegnen würden. Ich bin mir nicht sicher, ob ich mich dann auf diese Arbeit eingelassen hätte. Das Projekt, eigentlich waren es sehr viele Projekte, die koordiniert werden mussten, führte uns an die Grenzen unserer Fähigkeiten. Es war ein Abenteuer. Denn keiner der Verantwortlichen in Regierungen, Ministerien und Eisenbahnverwaltungen hatte einen Fahrplan für dieses Unterfangen. Kreativität und Ideen waren gefragt.

Wir haben sie aufgebracht. Jens, Hartmut, Volker, Joachim und ich. Und darüber will ich berichten.

2.
Vom Lernen neuer Vokabeln und dem Respektieren unterschiedlicher Kulturen

Es ist der 13. April 1990. Ich sitze in meinen kleinen zwei mal fünf Meter großen Büro in einem Nebengebäude der Hauptverwaltung der Deutschen Bundesbahn in Frankfurt am Main: ein sogenannter Zweiachser in der fünften Etage eines der hässlichsten Bürogebäude, welches ich jemals gesehen hatte. »Zweiachser« werden hier den Beamten im Gehobenen Dienst zugewiesen. Die Möblierung: ein ausgesessener Bürodrehstuhl, ein Schreibtisch, ein Akten- und Garderobenschrank, ebenfalls aus den Adenauer-Jahren. Ein kleiner Besprechungstisch mit zwei ausrangierten Wohnzimmerstühlen, ebenfalls aus den fünfziger Jahren, komplettiert die Einrichtung. Dies ist Standard für einen Sachbearbeiter im Bereich Organisation der Bundesbahn. Reichlich trostlos das Ganze.

Die Gardinen hatte ich irgendwann abgenommen. Besser keine Wohnzimmergardinen vor dem Fenster als solche, die von Generation zu Generation vererbt worden waren. Dabei hatten die Gardinen jedoch nie eine Waschmaschine gesehen, sie wurden stetig grauer. Genauso wie jene, die hier arbeiteten.

Einen PC gibt es 1990 noch nicht für uns. Wir schreiben die Entwürfe unserer Weisungen und Vermerke mit Bleistift so lange auf Papier, bis der Text perfekt in die Behörde passt. Dafür tragen wir täglich ein Jackett, ein frisch gebügeltes weißes Hemd und Krawatte. Die Manschetten sind abends so grau wie die Vorhänge.

Die Damen des zentralen Schreibbüros nehmen danach die Texte in das bahneigene Computersystem BKU (»Bürokommunikation unternehmensweit«) auf. Ich bewundere und bedauere diese armen Damen. Bewunderung deshalb, weil die drei Kolleginnen des Schreibdienstes täglich hochkonzentriert und fast fehlerfrei unser Gekrakel in das System der Bahn übertragen. Bedauern, weil unsere Texte sicherlich die langweiligsten einer bekanntermaßen langweiligen Behördenwelt sind, und ich fürchte, dass die Kolleginnen nachts von unserem Behördenlatein träumen könnten. Einmal verschrieb sich die jüngste der drei und ergänzte eine Weisung um ein romantisches Erlebnis vom Wochenende, dass sie wohl mit ihrem Freund genossen hatte. Es waren nur wenige Worte, die sie aus Versehen in die trockene Organisationsanweisung einfügte. Diese Einfügung erheiterte uns und löste selbstkritisches Nachdenken über unser Privatleben aus.

Wir alle werden für diese trockene Arbeit mit einer sogenannten Ministerialzulage zu unserem Entgelt belohnt. Wir nennen sie »Schmerzzulage«. Eine Beförderung und diese Schmerzzulage versüßten mir anfangs diese Bürotätigkeit, die ich als Bau- und Betriebsingenieur nicht gewohnt war. Ich war bis zum April 1986 bei Wind und Wetter auf Baustellen oder Inspektionen draußen im Gleis gewesen. Ich tröstete mich jedoch damit, dass meine Tätigkeit hier nicht nur die Finanzierung des Studiums einer meiner Töchter sicherte, sondern in seiner Auswirkung auf den vollständigen Außendienst der Bundesbahn sehr sinnvoll war. Ich war schließlich für die Organisation der kompletten Dienststellenlandschaft im Außendienst der Bundesbahn zuständig.

Ein großes Plakat aus der Frankfurter Kunsthalle Schirn »Das Frühstück der Ruderer« hängt vor meinem Schreibtisch an der Wand. Der Renoir lenkt von den tristen Aktendeckeln und der Geschmacklosigkeit des Raumes ab. Ich versenke mich mitunter minutenlang in diesem wundervollen Bild.

Jetzt, Wochen nach dem 9. November 1989, stört mich das schlichte Interieur des Büros nicht mehr. Mehr noch als die Ruderer erheischte etwas ganz anderes meine ganze Aufmerksamkeit: die Grenze zwischen den beiden Deutschlands war fort, einfach weg. De facto existierte sie zwar noch, doch die Grenzanlagen und die Mauer in Berlin wurden immer löchriger.

Ich war im November mit meiner Familie für mehrere Wochen nach Tansania gereist, um Weihnachten und Silvester mit unseren Freunden in der Kirchengemeinde in Mto Wa Mbu, im Grabenbruch nahe der Nationalparks Ngorongoro und Serengeti, zu feiern. Über die *Deutsche Welle* informierten wir uns über die Entwicklung in Europa. Am Weihnachtstag, als Rumäniens Staats- und Parteichef Nicolae Ceaușescu erschossen wurde, begriff ich endlich: In Europa würde nichts mehr so bleiben wie es war. Eigentlich kurios, dass es dieses mörderischen Vorgangs bedurfte. Deutschland würde sich verändern, die Bahn würde sich verändern, verändern müssen, wenn sie den Anschluss an die Zukunft nicht verlieren wollte.

Den Rückflug konnte ich kaum erwarten. Ich wollte als Erster bei meinem Bereichsleiter, dem Chef meines direkten Chefs, vorsprechen. Er war für die gesamte Organisation der Bundesbahn und die Datenverarbeitung verantwortlich. Wenn jemand bei der Bahn brisante Aufgaben zu bewältigen hatte, dann wurde er damit beauftragt. Er war der Kronprinz des Vorstandes und verdiente diese Rolle absolut. Intelligent, fleißig, integer, ideenreich und ehrlich, aber auch geschickt und ehrgeizig genug, um jede Topposition bei der Bundesbahn ausfüllen zu können.

Am 15. Januar 1990 suchte ich ihn in seinem Büro auf und erklärte selbstbewusst, ich würde gern die Geschäftsführung für ein Projekt zur Zusammenführung von Deutscher Bundesbahn und Deutscher Reichsbahn übernehmen. Neben meinem Job natürlich.

Ob anderenorts über ein solches Projekt nachgedacht oder bereits daran gearbeitet wurde, wusste ich nicht. Mitte Januar war politisch gesehen noch alles offen. Moskau bestand auf der deutschen Zweistaatlichkeit, und auch in London und Paris hatte man keine Eile. »Ich liebe Deutschland. Ich liebe es so sehr, dass ich zufrieden bin, weil es gleich zwei Deutschlands gibt«, hatte der französische Literaturnobelpreisträger François

Mauriac einst erklärt, und Frankreichs Präsident Mitterrand machte diese Sentenz zum politischen Programm. Drei Wochen zuvor war er in Ostberlin gewesen und hatte mit der DDR ein mehrjähriges Abkommen geschlossen. Und auch Margret Thatcher hielt nichts von einer Wiedervereinigung. Ich preschte also vor, warf gleichsam meinen Stein ins Wasser und wollte sehen, welche Wellen das erzeugte.

Der große Chef pokerte ebenfalls und reagierte zunächst nicht. Er sah mich nur still und nachdenklich an. Und hinter seiner Stirn, ich ahnte es mehr, als ich es sehen konnte, arbeitete es. Nach einer längeren Pause sagte er ohne jegliche Veränderung seiner Mimik, er würde mir Bescheid geben.

Nach einer Woche rief er mich zu sich.

Es habe in dieser Sache niemand mehr bei ihm vorgesprochen, ich sei der einzige mit diesem Vorschlag. Hiermit sei ich also für diese Aufgabe berufen, allerdings hätte ich zu schweigen. Mein Ansprechpartner in Ost-Berlin, so fuhr er fort und signalisierte damit, dass er bereits aktiv geworden war, sei ein gewisser Jens Brückner aus der Generaldirektion der Deutschen Reichsbahn. Ich solle zu ihm Kontakt aufnehmen. Brückners Chef sei der Stellvertretende Generaldirektor der DR, ein Herr Mauthner.

Die Konspiration schien mir verständlich. Zu jener Zeit waren weder in Moskau noch in Berlin oder Bonn, allenfalls in Washington die Würfel gefallen. Aber das verrieten sie uns nicht. Selbst in den Hauptstädten der beiden deutschen Staaten schien man vom Fortbestand

Dienstpapier für den Einsatz im Osten von 1990 bis 1992

auszugehen – am 23. Januar, gerade als ich bei meinem Chef saß, konstituierte sich in Berlin eine deutsch-deutsche Wirtschaftskommission. Die Bundesregierung bot dort kleineren und mittleren Unternehmen in der DDR zinsgünstige Kredite an.

Ich freute mich über die Berufung, der Auftrag beflügelte mich. Endlich mal eine andere Herausforderung.

Kontakt aufnehmen, klar. Aber wie? Die wenigen Telefonverbindungen zwischen West und Ost waren Tag und Nacht seit dem Mauerfall überlastet. Jeder schien mit jedem auf der jeweils anderen Seite sprechen zu wollen. In der Bahnzentrale existierten zudem keine Telefonbücher aus der DDR, erst recht kein internes Telefonverzeichnis der Deutschen Reichsbahn. Mit fiel ein, dass es in Westberlin die *Verwaltung des ehemaligen*

Reichsbahnvermögens (VdeR), kurz Verwaltungsstelle Berlin, gab, praktisch eine Außenstelle der Bundesbahn. Ihr unterstanden seit 1953 alle Anlagen und Liegenschaften der Deutschen Reichsbahn in den Berliner Westsektoren, die nicht dem unmittelbaren Betrieb der Eisenbahn und der Berliner S-Bahn dienten. Dazu gehörten Lagerflächen, Kleingartenkolonien, Gebäude und Wohnhäuser. Deren Verwaltung saß am Halleschen Ufer in Westberlin, vis-à-vis der Reichsbahndirektion am Schöneberger Ufer 1-3. In der VdeR würde man wohl die wichtigsten Telefonnummern der Reichsbahn in Ostberlin kennen, nahm ich an.

Ich rief also dort an und bat um die Herstellung eines Kontaktes mit Jens Brückner.

Einen Tag später meldete sich dieser. Er sei von seinem Chef, dem Ersten Stellvertretenden Generaldirektor der Reichsbahn, berufen worden. Er sollte wie ich eine Kooperation oder Zusammenführung der beiden Bahnen auf den Weg bringen und als Assistenten bzw. Geschäftsführer begleiten.

Die Herstellung unserer Verbindung war ein wenig kompliziert gewesen, wie Brückner mir später berichtete. Er war mit einem grünen Dienst-Lada von der Krausenstraße in Ostberlin nach Kreuzberg in Westberlin gefahren, hatte sich am Grenzübergang Checkpoint Charlie den Ausweis stempeln lassen und rief mich dann aus der Verwaltungsstelle im Westen über das bahneigene Telefonsystem der Deutschen Bundesbahn an. Das hieß BASA und war aus dem Wortungetüm *Bahnselbstanschlussanlage* gebildet worden.

Wir besprachen in der Folgezeit Wesentliches per Telefon, aber weder Brückner noch ich konnten alles entscheiden, wenn etwas Grundsätzliches anstand. Allerdings war es für Brückner deutlich aufwendiger als für mich, Zustimmung oder Ablehnung beim Vorgesetzten einzuholen. Um seinen Chef zu konsultieren, musste er zurück über die Grenze – inklusive Stempel. Anschließend kehrte er wieder nach Westberlin zurück und teilte mir die Entscheidung mit. Mein Chef saß nur zehn Meter von mir entfernt in seinem Büro. Für diese Arbeit konnte ich ihn immer stören.

So kommunizierten wir oft und lange miteinander, das Vertrauen zwischen Brückner und mir wuchs trotz der vielen »Atempausen« zwischen den Jas und Neins.

Die Verwaltungsstelle in Westberlin und das Telefonnetz der Bundesbahn waren durch keine bundesbahneigene Telefonleitung verbunden. Die einst existierenden Leitungen waren nach dem Krieg gekappt worden. Die Telefonkabel zwischen Westberlin und dem Bundesgebiet gehörten der DDR-Post, weshalb mich ein Kollege in der Hauptverwaltung der Bundesbahn bei meinem Dienstantritt dort meinte warnen zu müssen, dass man »vertrauliche Dinge« mit der dem Finanzsenator von Westberlin unterstellten Verwaltungsstelle und den dorthin delegierten Bundesbahnern besser nicht telefonisch besprechen solle.

Das war mir jetzt egal und Jens Brückner ein richtiger Eisenbahner wie ich.

Am Karfreitag 1990 – Freitag, der 13. April – saß ich an meinem Schreibtisch im Frankfurter Büro und war allein in unserer Etage. In Ruhe konnte ich die Eröffnungsbilanz der Deutschen Reichsbahn studieren und insoweit ergänzen, dass ein westdeutscher Wirtschaftsprüfer die Bilanz nach Ostern auch verstehen würde. Sie sollte bereits am Dienstag abgeholt werden. Die Reichsbahn – so hatte es mir mein Chef signalisiert – wollte als einer der ersten Betriebe der DDR eine nach westdeutschem Handelsrecht zertifizierte Eröffnungsbilanz präsentieren. Am 18. März hatte die konservative »Allianz für Deutschland« – auch dank westdeutscher Unterstützung – die Volkskammerwahl gewonnen. Sie hatte die schnelle Vereinigung mit der Bundesrepublik im Wahlkampf versprochen. Die Weichen waren gestellt, nun hatte es auch die Reichsbahn eilig.

Die Eröffnungsbilanz, die auf meinem Schreibtisch lag, war auf einem Papier geschrieben, das mich an meine Kindheit und an meine Arbeit in den Semesterferien erinnerte. Solches hatte ich damals in einer entlegenen Bahnmeisterei der Bundesbahn benutzt. Das war 1970. Geschrieben war die Bilanz mit einer elektrischen Schreibmaschine. Deren Typen hatten beim Einschlag in das weiche, an Holzsplittern reiche Papier tiefe Spuren hinterlassen. Es gab nur ein Exemplar. Warum eigentlich? Die Antwort sollte ich später erfahren.

Bei der Bundesbahn sprachen wir intern von unserem BUBA-AKÜFI, was *Bundesbahnabkürzungsfimmel* hieß. Dies war eine unserer überflüssigen und letztlich schädlichen Autoimmunerkrankungen. Warum sollten wir – die große Bundesbahn! – die gebräuchlichen Abkürzungen der Industrie oder die des Dudens nutzen?

Wir waren in der Bundesrepublik Deutschland *die* Bahn! Wir hatten ein eigenes Behördenlatein, sogar ein eigenes Abkürzungsverzeichnis, eine eigene Sprache in den Vorschriften und anderen Regelwerken. Wir hatten Schaltpläne für unsere Signalanlagen, die autark durch Generationen von Bauingenieuren seit 1835 entwickelt worden waren, jedoch von Elektroingenieuren der Neuzeit nur nach Nachhilfeunterricht gelesen werden konnten. Die Normen der Deutschen Elektro-Industrie für diese Anlagen wurden bei uns als »nicht spezifisch genug« beurteilt und darum ignoriert.

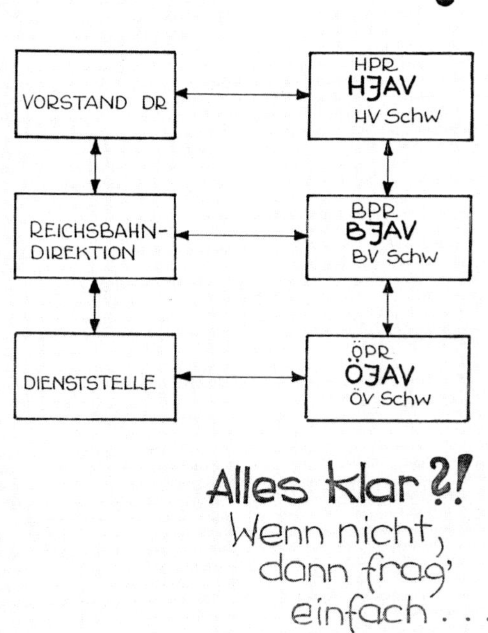

Ein schönes Beweisstück für den Abkürzungsfimmel: Dieses Blatt bekam ich von der »Haupt-Jugend- und Auszubildendenvertretung (HJAV)« in Ostberlin

Als Bauingenieur war ich absolut zufrieden mit diesem System. Es gab zwar neben der Bundesbahn noch sogenannte *Nichtbundeseigene Eisenbahnen*, die nahmen wir – wenn überhaupt – nur als Appendix oder als Gleisanschließer wahr. Wie falsch und überheblich diese Einstellung war, sollte sich unmittelbar nach der Liberalisierung des Eisenbahnverkehrsmarktes 1994 zeigen. Frühere Gleisanschlussbahnen mutierten rasch zu ernsten Konkurrenten vor allem im Güterverkehr, kurz darauf auch im Personennahverkehr. Aber soweit waren wir noch nicht.

Die Reichsbahn war von der gleichen Krankheit erfasst, ihr Abkürzungsfimmel war nicht minder entwickelt. Die Eröffnungsbilanz war selbst für gestandene westdeutsche Eisenbahner fast unlesbar, sie war nur für Reichsbahner geschrieben.

Die mir vorliegende Arbeit war von einer unglaublich fleißigen und bestimmt zur Verschwiegenheit verpflichteten Sekretärin in der Generaldirektion der Deutschen Reichsbahn auf einer verlässlichen Schreibmaschine des Typs Erika des Volkseigenen Betriebes (VEB) Kombinat Robotron getippt worden. Sie hatte dafür bestimmt einige Tage benötigt. Leider war ihre Arbeit hier im Westen nicht verwendbar. Die Sprache, in der die Bilanz geschrieben war, verstand hier kaum jemand. Das Werk war im Westen deshalb weitgehend unbrauchbar, da es kein Verzeichnis für die benutzten Abkürzungen gab. Ich hätte Archäologie statt Bauingenieurwesen studieren sollen, dachte ich, denn ich war unfähig, die Reichsbahn-Hieroglyphen zu entschlüsseln.

Unsere Großväter und Väter hatten zwar als Eisenbahner bis zum Ende des Zweiten Weltkrieges die gleichen Wurzeln und nutzten das gleiche Fachlatein, danach entwickelten sich jedoch die Abkürzungen in Ost und West in unterschiedliche Richtungen.

Es regelte zwar zwischen den Bahnen Europas ein Kodex der UIC (*Union internationale des chemins des fer* im Westen) bzw. der OSShD (*Organisation für die Zusammenarbeit der Eisenbahnen im Osten*) den durchgängigen Zuglauf, die technischen Parameter und die Abrechnung von Leistungen. Doch intern wucherten die eigenen Sprachen.

Was tun? Was tat ich mir hier an diesem Feiertag an? Viel lieber wäre ich jetzt draußen im Wald, wäre gelaufen oder Rad gefahren, statt vor dieser staubtrockenen Materie zu kapitulieren.

Unschlüssig, was ich machen sollte, schaute ich mich in meinem Büro um. Hinter mir hing eine brandneue Eisenbahnkarte, die das Streckennetz von Reichs- und Bundesbahn zeigte. Das war insofern nützlich, als die wichtigen Streckenverbindungen, Standorte und die Vorwahlnummern der BASA Ost und der BASA West (richtig: der beiden Bahnselbstanschlussanlagen) darauf abgebildet waren. Bis auf den östlichen Rand, die Region Niederschlesien, war alles auf dieser Karte zu sehen. Und wie mir gesagt wurde, war wenige Tage vor Ostern damit begonnen worden, die 1945 durchtrennten BASA-Leitungen wieder miteinander zu verknüpfen. Ader für Ader, Kabel für Kabel. Die erste Leitung, die wieder funktionierte, war die von Hamburg nach Schwerin.

Das Telefonsystem beider Bahnen stammte noch aus der Vorkriegszeit, die Technik also aus den dreißiger Jahren. Organisiert nach Zentralen am Standort der jeweiligen Direktionen, gesichert in Bunkern, die den Luftangriffen der Alliierten standgehalten hatten. Diesen Zentralen angeschlossen waren regionale Unterzentralen, und diese wiederum waren verknüpft mit den letzten Zipfeln des Eisenbahnstrecken- und Telefonnetzes.

Es war zum Beispiel möglich, dass ich von Bad Homburg in Hessen meine früheren Kollegen in der Bahnmeisterei Bobingen in der Nähe von Augsburg anrufen konnte – und das ging ungefähr so: Ich wählte zunächst mit der dreistelligen Vorwahl 812 die Zentrale in Frankfurt am Main, dort war der Sitz der zuständigen Direktion. »Frankfurt, Frankfurt, Frankfurt«, sagte dann eine sympathische Frauenstimme. Danach wählte ich die 962. »München, München, München«, meldete sich die nächste Dame. München war die für Bobingen zuständige Direktion. Schließlich wählte ich 832. »Augsburg, Augsburg, Augsburg«, bekam ich zu hören. Schließlich 76, die Vorwahl für Bobingen …

Am liebsten rief ich in Rosenheim an, die Dame sagte so verführerisch »Rosenheim«. Sie betonte die erste Silbe und rollte dabei das bayerische Zungen-R. Heute gibt es leider nur noch digitalisierte Stimmen. Ohne emotionale Lautfärbung oder Dialekt.

Die Verbindung zwischen Hamburg und Schwerin war geschaltet und es war Feiertag, das heißt, es war keine Überlastung dieser Leitung zu erwarten. Ich versuchte es. Ich wählte 947. »Hamburg, Hamburg, Hamburg«, danach gab ich drei Ziffern für Schwerin ein. Ein Wunder! »Schwerin, Schwerin, Schwerin« …

Ich musste mich wieder auf der Karte vergewissern, ja ich war erstmalig per Telefon in der DDR angekommen, in der gleichen telefonischen Steinzeit. Sie hatte jedoch einen Vorteil – sie funktionierte. Jetzt wählte ich die 99 für Berlin und tatsächlich: Aus dem Hörer kam »Berlin, Berlin, Berlin«.

Aber die Telefonnummer des Büros des Ersten Stellvertretenden Generaldirektors der Deutschen Reichsbahn kannte ich nicht. Jens Brückner rief mich ja immer von der Verwaltungsstelle aus an. Bei uns, der Bundesbahn, waren den Präsidenten der Direktionen feste Anschlussnummern zugeordnet. Entweder 300 oder an größeren Standorten 3300. Berlin ist groß, dachte ich, also wählte ich die 3300. Irgendein Vorzimmer würde sich schon melden.

»Mauthner«, donnerte es aus der Telefonmuschel.

Ich war derart überrascht, dass ich kurzfristig verstummte.

»Guten Morgen, Herr Mauthner, hier ist Wolfgang Scherz von der Deutschen Bundesbahn. Entschuldigen Sie bitte die Störung, ich wollte eigentlich Frau Jakob (das war die Sekretärin) oder Herrn Brückner sprechen.«

»Die sind zu Hause, heute ist Feiertag. Warum sind Sie im Büro?« Auskunft und Frage waren kurz, geradezu wie auf dem Kasernenhof.

»Entschuldigen Sie bitte, aber ich wusste nicht, dass im sozialistischen Teil Deutschlands auch christliche Feiertage gefeiert werden, ich …«

Weiter kam ich nicht. Mauthner unterbrach mich mit einem deutlichen Rüffel. Die Botschaft war klar: Einem kleinen Sachbearbeiter der Deutschen Bundesbahn steht es nicht zu, so despektierlich mit einem Stellvertretenden Generaldirektor der Deutschen Reichsbahn zu sprechen. Die Ansage erinnerte mich an meinen Vater, der mich als Jugendlichen manchmal in gleicher Weise getadelt hatte. Er war auch Eisenbahner und beherrschte diesen Kommandoton auch bei uns zu Hause. Er hatte 1936 seinen Dienst bei der Deutschen Reichsbahn begonnen, von 1941 bis 1945 war er Soldat an der Ostfront.

Von Jens Brückner hörte ich später als Erklärung, dass die Eisenbahn der kleine Bruder der Armee sei. Das habe Lenin gesagt. Ob das zutraf, weiß ich nicht. Aber bei der Reichsbahn herrschte Uniformpflicht. Und Befehlston – wie ich bemerkte. Von daheim also vorbelastet, stellte ich mich auf Mauthner ein. Fragen und Antworten waren kurz und präzise zu formulieren, ich nahm innerlich eine Habachtstellung ein.

»Also: Warum rufen Sie an?«, knurrte Mauthner.

»Vor mir liegt Ihre Eröffnungsbilanz, die arbeite ich durch. Am Dienstag kommt der Wirtschaftsprüfer.«

Mauthner schnitt mir das Wort ab, das dauerte ihm vernehmlich zu lang. »Was wollen Sie wissen?«

»Ich komme mit den Abkürzungen nicht zurecht. Die verstehe ich nicht.«

»Sie haben doch studiert.«

»Ja, aber in Wuppertal, nicht in Dresden.«

Ich biss mir auf die Zunge. Das war wohl auch eine Spur zu patzig gewesen. Legte Mauthner jetzt auf? Nein, er sagte nur: »Legen Sie los!« Der konnte nicht nur austeilen, sondern auch wegstecken.

Ich weiß nicht, wie lange wir miteinander sprachen, es war wohl das längste Telefonat in meinem Berufsleben. Jede Frage wurde sofort beantwortet. Ohne nachzulesen oder zu grübeln. Um im Kasernenhofbild zu bleiben: Die Antworten kamen wie aus der Pistole geschossen. Das imponierte mir mindestens so sehr wie die Tatsache, dass er überhaupt zuhörte. Der hatte bestimmt anderes vorgehabt, nicht grundlos saß er am Feiertag allein in seinem Büro. Er hätte auch sagen können: »Ihr Wirtschaftsprüfer kann warten, rufen Sie am Dienstag wieder an.«

Ich bin mir nicht sicher, ob ein Vorstandsmitglied im Westen sich diese Zeit genommen hätte, vorausgesetzt, dass sich Top-Führungskräfte überhaupt mit Detailwissen herumplagt hätten. Mauthner besaß erkennbar Respekt vor der Arbeit Subalterner. Eisenbahner war Eisenbahner. Durch Zufall, aber dramaturgisch äußerst korrekt, erreichten wir mit der letzten Frage den Höhepunkt des Gesprächs: »Was ist *mtT*?«

»Was, das wissen Sie nicht? Sie hätten doch besser in Dresden studieren sollen.«

Tatsächlich, er hatte meinen Hinweis auf Wuppertal nicht überhört.

»Das heißt *materiell-technische Territorialstruktur*!«

»Und was heißt das auf Westdeutsch?«, hakte ich verständnislos nach.

»Die Eisenbahninfrastruktur im Sinne der Verordnung der Europäischen Wirtschaftsgemeinschaft vom

…«, er nannte das Datum sowie das Aktenzeichen der EWG-Verordnung.

»Und warum haben Sie das nicht so geschrieben?«, erkundigte ich mich.

»Dann hätte der Westen es gewusst!«

Ah, Konspiration, dachte ich und musste grinsen. Aber mich beeindruckte sehr, dass er die Bezeichnung der Verordnung der EWG auswendig kannte, unglaublich.

Mauthner hatte mir alle Fragen beantwortet, indirekt auch jene, warum es nur dieses eine Exemplar der Eröffnungsbilanz gab. Erstmals hatte die Reichsbahn alle Zahlen ihres Unternehmens veröffentlicht – bis eben war alles streng geheim, geheim oder vertraulich. Das war ein wackerer, wenngleich dosierter Schritt – Telefonverzeichnisse und Organigramme blieben nämlich weiter unter Verschluss.

Wie mutig und entschlossen dennoch dieser Schritt gewesen war, wurde mir erst später bewusst.

Ich ergänzte die Eröffnungsbilanz mit einem Verzeichnis der Kürzel und deren ausgeschriebene Langfassung. Der Wirtschaftsprüfer war zufrieden.

3. Anglizismen, ein Ideenkoffer und eine Strategie

Im ausgehenden Winter 1989/90 saß ich wie an jedem Arbeitstag in meiner Bundesbahnkemenate. Das soeben berichtete Gespräch mit Mauthner hatte es noch nicht gegeben, dafür viele mit Brückner. Der meldete sich regelmäßig aus der Verwaltungsstelle vom Halleschen Ufer in Westberlin. Wir kannten uns nicht von Angesicht zu Angesicht. Unsere Gespräche waren rein fachlich, aber derart, als würden wir uns schon sehr lange als Kollegen kennen. Für andere Menschen vielleicht naheliegende Fragen – zum Beispiel: Wie wohnen Sie, haben Sie Familie, wie geht es den Kindern? – kamen uns nicht in den Sinn. Wir hatten andere Aufgaben und Interessen.

Im Februar 1990 bestand unsere Hauptaufgabe darin, das erste Zusammentreffen der Vorstände West und dem Generaldirektor Ost, seinen Stellvertretern sowie wesentlicher Führungskräfte beider Bahnen vorzubereiten. Das Gipfeltreffen sollte Anfang März im sächsischen Zabeltitz stattfinden. Dort, in einem Palais des einstigen Reichsgrafen von Wackerbarth, unterhielt die Deutsche Reichsbahn ein Schulungszentrum für ihre Führungskräfte.

Es sollte ein gemeinsames Papier beider Bahnführungen vorbereitet werden – mit den Eckpunkten für die Zusammenführung beider Bahnen und mit Vorschlägen für die Politik zur Neuausrichtung des Schienenverkehrs in einem vereinigten Deutschland. Wir waren der Auffassung, dass ein solches Papier dringlich sei. Der Vertrag über eine »Wirtschafts-, Währungs- und Sozialunion« zwischen beiden Staaten war bereits in Arbeit. Bestimmt würden in diesem Vertrag auch die Bahnen Berücksichtigung finden.

Doch die große Politik war das eine. Dafür zuständig waren Theodor Waigel (CSU, Bundesfinanzminister im Kabinett Kohl in Bonn) und Walter Romberg (SPD, aktuell Minister ohne Geschäftsbereich in Modrows »Kabinett der Verantwortung« in Berlin). Das andere war mein aktuelles Tagesgeschäft. Das hieß: Vorstände und Führungskräfte der Deutschen Bundesbahn pünktlich nach Zabeltitz zu bringen.

Wo lag dieses Dorf überhaupt, das von der Führung der Reichsbahn vorgeschlagen worden war?

Ich erkundigte mich bei Jens Brückner, er gab mir die Anschrift. Der Ort lag etwa sechzig Kilometer nordwestlich von Dresden. »Zabeltitz Post Treugeböhla« ist mir noch in Erinnerung. Die Kreisstädte in der Nähe – Großenhain und Riesa – kannte ich so wenig wie Zabeltitz. Einen Bahnanschluss gab es nicht, also sollten die Herren und eine Dame der Bundesbahn gemeinsam mit einem Bus unserer Tochtergesellschaft *BayernEXpress* (BEX) anreisen. Allerdings brauchte man wegen der Distanz zwei Fahrer – und das war wiederum zu teuer für unsere Behördenbahn. Der Bundesrechnungshof hätte hinterher vielleicht feststellen können, dass eine Einzelanreise per Bahn kostengünstiger gekommen wäre und dann diese vermeintliche Verschwendung kritisieren. Die westdeutsche Bürokratie war schon damals heftig.

Da ein immaterieller Mehrwert durch die Bildung einer Gemeinschaft während der gemeinsamen Anreise nicht in Mark und Pfennig bezifferbar war, wurden individuelle Anreisen gewählt. Es stand nur das Budget zur Verfügung, das lange vorm Mauerfall aufgestellt worden war. Es sah einen ungewöhnlichen Fall wie diesen nicht vor. Behörden im Westen reagierten in manchen Dingen noch dogmatischer als Institutionen der sozialistischen Planwirtschaft.

Die Reichsbahn hingegen, so lernte ich wenige Zeit später, reagierte auf Unvorhergesehenes »operativ«. Ein Zauberwort, ohne das die Planwirtschaft im real existierenden Sozialismus wahrscheinlich schon viele Jahre früher zusammengebrochen wäre.

Man stelle sich nur vor, ein Strategiepapier zur Zusammenführung zweier bedeutender Unternehmen würde heute an den Kosten für einen zweiten Busfahrer scheitern oder sich verzögern. Wie lächerlich. Die Aktien würden einbrechen.

Im Gegensatz zum Budget kannte die Kreativität der westdeutschen Teilnehmer bei der Gestaltung der individuellen Anreise keine Grenzen. Jeder wählte eine eigene Reiseroute per Flugzeug, Bahn oder Dienstwagen. Manchen führte die Reise über Potsdam mit Übernachtung im Schlosshotel Cecilienhof, andere nutzten die Möglichkeit zu einem Besuch bei Verwandten. Als eine Führungskraft zu mir kam und sich erkundigte, ob man im »Palais der Reichsbahn« auch mit Kreditkarte zahlen könne, wurde ich unhöflich.

Es deutete von großem Unwissen über die politischen und wirtschaftlichen Verhältnisse in jenem Teil der Welt, der für uns im Westen vor einem Vierteljahr noch hinterm »Eisernen Vorhang« lag. Die DDR war jahrzehntelang in den »Rat gegenseitiger Wirtschaftshilfe« (RGW) eingebunden, die Bundesrepublik Teil der »Europäischen Wirtschaftsgemeinschaft« (EWG heute EU). Die Bundesrepublik hatte das 150-jährige Jubiläum der Eisenbahn gefeiert, in der DDR stand dieser Jahrestag unter dem Titel »40 Jahre Eisenbahn in Volkes Hand«. Kreditkarten im Palais der Reichsbahn? Unfassbar!

Auch in der DDR wurde 1985 der 150. Geburtstag der deutschen Eisenbahn gefeiert und dabei überall betont, dass diese zumindest im Osten volkseigen sei

Die Reichsbahn erwies sich als perfekter Gastgeber. Es wurden keine Kreditkarten benötigt. Ein Teilnehmer schwärmte noch lange Zeit danach von der Kunst der hauseigenen Köchinnen. Die Rouladen hätten wie bei seiner Großmutter geschmeckt. Sie waren himmlisch!

Soweit war es aber noch nicht.

Ich kapitulierte vor den Wünschen der Bundesbahner und vermittelte die jeweilige Sekretärin an das Organisationsgenie Jens Brückner. Alle Teilnehmer der Bundesbahn erreichten pünktlich das Ziel.

Im Schulungszentrum gab es jedoch nur gemeinsame Waschräume, keine Duschen in den Zimmern. Wir mussten also für die mitreisenden Damen »Zeitfenster« einplanen.

Jens Brückner sprach mich in der Vorbereitung auf die Ausstattung der Gruppenräume an. Meine Antwort auf die Frage, was benötigt werde: Pinnwände, Overheadprojektoren, Metaplanboards und dergleichen, dazu Kaffee, Kaltgetränke, Obst, Plätzchen.

Kurzes Schweigen im Osten, dann vorsichtige Nachfragen. Kaffee, Obst und Plätzchen, das gehe in Ordnung, aber was sind *Overheadprojektoren*?

»Das ist so ein Gerät, auf den man beschriftete Folien legt, die dann an die Wand projiziert werden. Man kann auch Tageslichtprojektor dazu sagen.«

»Ah, Sie meinen ein Polylux. Haben wir. Und was ist eine Pinnwand?«

»Na so eine Tafel, an die man Zettelchen steckt.«

»Ach so, Korktafeln haben wir auch … Und was war das andere? *Metaplanboards*?«

»Okay«, sagt ich, »ich schicke Ihnen unsere Metaplankiste als EDS …«

»Was ist das nun wieder?«

»*Eilige Dienstsache* oder *Eisenbahndienstsache* – also wir schicken diese Kiste mit unserer eigenen Post an die Verwaltungsstelle nach Berlin.«

Brückner schlug vor, diese Kiste mit Besprechungsunterlagen als »Ideenkoffer« zu deklarieren, was kein schlechter Gedanke war. Gute Ideen brauchten wir dringend in Ost und West! Und nicht zum ersten Mal merkte ich, dass das DDR-Deutsch »deutscher« war. Anglizismen kamen darin zumindest bei der Reichsbahn nicht vor. Man sprach vom Kollektiv, nicht von einem Team. Wir einigten uns deshalb auf »gemeinsame Gruppe«, die im DDR-Deutsch »beriet«, wir hingegen »besprachen« alles. Im Osten sollte unter den Einladungen stehen: »Um pflichtgemäße Vorbereitung wird gebeten!«

Wir im Westen waren immer vorbereitet – die Öffnung der Mauer war darum »ein Wunder«, bekanntlich kann man auf Wunder nicht vorbereitet sein. Im Westen wurden die Einladungen mit der Floskel »Mit freundlichen Grüßen« abgeschlossen, im Osten stand noch »Mit sozialistischem Gruß« darunter.

Der »Ideenkoffer« landete rechtzeitig in Berlin. Herr Brückner holte ihn in der Verwaltungsstelle ab. Die Kiste war so lang wie der Rücksitz seines Reichsbahn-Ladas breit. An der üblichen Grenzübergangsstelle musste Jens Brückner erstmals anhalten. Der Grenzer verlangte, das Innere der Kiste zu sehen.

»Aufmachen, was ist das?«

»Unbeschriebene Zettel, ein Ideenkoffer!«

Der Grenzer meinte ironisch, als er die leeren Kärtchen sah: »Diese Ideen haben wir auch gehabt.«

Erst später wurde Brückner bewusst, dass der Koffer eine gewisse Ähnlichkeit mit den Behältnissen hatte, in denen Maschinenpistolen AK-47, bekannt als Kalaschnikow, und die Munition befördert wurden. Das hatte natürlich den DDR-Grenzer neugierig gemacht.

Die Tagung in Zabeltitz war ein voller Erfolg, inhaltlich bestens von meinem Chef vorbereitet und von Jens Brückner assistiert. Nicht nur die Rouladen waren gut, auch und vor allem das Ergebnis. Ein dickes Konvolut, das danach in Frankfurt am Main ins DV-System der Bundesbahn übernommen wurde. Es entsprach den Erwartungen aller. Der Anspruch, die beiden deutschen Bahnen zusammenzuführen und eine Eisenbahnaktiengesellschaft zu gründen, wurde darin mit konkreten Angeboten untersetzt. Ergänzt wurde das Papier um Vorschläge zur Verbesserung der Infrastruktur, da die Beteiligten davon ausgingen, dass künftig die Hauptverkehrsströme nicht mehr nur von Nord nach Süd, sondern vermehrt auch von West nach Ost fließen würden.

Die Eisenbahner von hüben und drüben waren sich bewusst, wie groß die Baustellen beider Bahnen waren und wie viele es davon gab: Die Infrastruktur der Reichsbahn war etwa so überholungsbedürftig wie viele Lokomotiven der Bundesbahn. Auch das rollende Material im Güterverkehr der Reichsbahn entsprach nicht den Anforderungen des westlichen Marktes. Bei der Bundesbahn fehlten Spezialgüterwagen für die Industrieproduktion. Dafür gab es viel zu viele Wagen für Massengüter. Riesige Mengen offener Güterwagen z. B. für Zuckerrübentransporte standen in Ost und West auf Abstellgleisen. Die Folgekosten einer möglichen Vereinigung der Bahnen wurden überschlägig ermittelt und niedergeschrieben. Sie würden – auch ohne die Aufwendungen für die Sozialleistungen – beträchtlich werden. Im Vorwort des Papiers beriefen wir uns auf Goethe, der im Oktober 1828 gegenüber Eckermann geäußert haben soll: »Mir ist nicht bange, dass Deutschland nicht eins werde; unsere guten Chausseen und künftigen Eisenbahnen werden schon das Ihrige thun.«

»Das Ihrige« taten schon bald die Elektrolokomotiven der Deutschen Reichsbahn, deren Leistungsfähigkeit die westdeutschen Fachleute beeindruckte. Die Loks und Triebwagenführer der Reichsbahn füllten bereits nach wenigen Monaten die Lücken im Fahrplan der Bundesbahn. Noch heute stellen diese Triebfahrzeuge ein beachtliches Standbein etwa im Nahverkehr der Deutschen Bahn dar.

Nach Zabeltitz sollten die beiden Verkehrsministerien für die Vorschläge gewonnen werden. Am 18. März sollte in der DDR gewählt werden, noch amtierte die Regierung Modrow. Verkehrsminister im Berliner Kabinett war seit dem Vormonat Herbert Keddi, seit Dezember 1989 auch Generaldirektor der Deutschen Reichsbahn. Die Information im Verkehrsministerium der DDR war also sichergestellt. Die Präsentation im Bundesverkehrsministerium in Bonn sollte am 22. März erfolgen.

4.
Die westdeutsche Ministerialbürokratie

Am 22.März 1990 reisten vier Vertreter des Vorstandes der Deutschen Bundesbahn nach Bonn. Ich war einer in diesem Quartett, dem mein Chef, der Bereichsleiter Organisation und Datenverarbeitung sowie zwei weitere Spitzenbeamte der Bundesbahn angehörten. Wir sollten im Verkehrsministerium das Zabeltitz-Papier vorstellen und zu erläutern. Vorab war es bereits dem Ministerium zugeleitet worden. Der Bundesverkehrsminister hieß seit dem Vorjahr Dr. Friedrich Zimmermann (CSU). Der Termin sollte am späten Nachmittag oder am Abend stattfinden.

Ich betrat die »heiligen Hallen« mit einem gewissen Respekt, es war mein erster Besuch dort. (Dass in den folgenden Jahren sehr viele Visiten folgen sollten, konnte ich nicht ahnen. Das Wissen hätte jedoch die Ehrfurcht bei der Premiere auch nicht reduziert.)

Der Respekt verflog allerdings rasch, das Ministerium entwickelte sich zu einem Mysterium. Das Wortspiel kannte ich damals noch nicht, aber es hätte gepasst.

In einem Besprechungsraum waren die Tische zu einem offenen U angeordnet. In der Mitte der Querseite dirigierte der Abteilungsleiter Eisenbahn mit großen Worten und großen Gesten, wir vier wurden am Ende der linken Seite platziert. Bereits bei der Vorstellung der anwesenden Spitzenbeamten der Abteilung war erkennbar, welchen Part sie in den nächsten Minuten oder Stunden übernehmen würden. Da waren die bedeutungsschwer Schweigenden, die kritisch Nachfragenden und die desinteressiert Gelassenen. Der Abteilungsleiter vorn hatte alle im Blick und steuerte seine Führungskräfte mit Blicken. Die Fragen, die kamen, sollten spontan wirken, waren aber vorbereitet und wurden auf Abruf, also nach Augenkontakt, gestellt.

Die wichtigste Rolle nächst dem Abteilungsleiter spielte einer der Referatsleiter. Er hing gleichsam an den Lippen seines Chefs und wartete auf seinen Einsatz. (Ich sollte ihn später in den Vorstandsetagen der Reichsbahn noch oft antreffen. Er hielt erkennbar auf Distanz, und wenn ich ihn in Berlin nach jenem Abend in Bonn fragte, drehte er sich jedes Mal schweigend um und ging.)

Diese Runde am 22. März 1990 hat sich mir eingeprägt, es war eine Lehrstunde. Ich erkannte Verhaltensmuster und Fähigkeiten, die diese Beamten – neben den gewiss vorhandenen fachlichen Qualitäten – auszeichneten. Beamte werden bekanntlich lebenslang alimentiert, damit sie unabhängig denken können, weil materiell ohne Sorgen. Sie werden deshalb in einem »Dienst- und Treueverhältnis« gemäß Art. 33 Abs. 4 des Grundgesetzes vereidigt. Beamte haben demnach dem ganzen Volk und nicht einer Partei zu dienen. Sie haben ihre Dienstpflichten unparteiisch zu erfüllen. Sie haben das ihnen übertragene Amt uneigennützig und nach bestem

Gewissen auszufüllen. Sie haben ihre Vorgesetzten nicht nur zu unterstützen, sondern sie auch zu beraten. So dachte ich jedenfalls bis zu jenem Tage.

Da wir alle in diesem U vermutlich ausnahmslos verbeamtet waren, nahm ich als naiver Neuling an, dass die Besprechung offen, sachlich und konstruktiv nach einer festen Tagesordnung ablaufen würde: Begrüßung und Vorstellung der Teilnehmer, Präsentation Zabeltitz-Papieres, Diskussion und Festlegung der weiteren Vorgehensweise. Vielleicht am Ende, wie üblich, ein Punkt »Verschiedenes«.

Der Abteilungsleiter Eisenbahn gab jedoch gleich zu Beginn des Treffens seiner massiven Verärgerung darüber Ausdruck, dass ein Mitglied des Vorstandes der Bundesbahn bereits in der Öffentlichkeit über das Papier gesprochen habe. Dass das passiert war, war wirklich nicht hilfreich. Zunächst, so wurden wir belehrt, hätte das Vorstandsmitglied die Reaktion des »Eigentümers« und dessen Entscheidung abwarten müssen. So aber sei dieser desavouiert worden.

Bemerkenswert empfand ich, dass der Abteilungsleiter vom »Eigentümer« sprach, aber damit das Ministerium meinte. Das Verkehrsministerium war lediglich die vorgesetzte oberste Bundesbehörde. Er hätte eigentlich vom »Dienstherren« sprechen müssen. Augenscheinlich betrachtete er die Bahn als Eigentum, das Ministerium als Aktionär und anwesenden Vertreter des Ministeriums vielleicht als dessen Aufsichtsrat. Die Bundesbahn war aber de facto Sondervermögen der Bundesrepublik Deutschland und somit eine Behörde, keine Aktiengesellschaft. Die Aufsicht über die Bundesbahn war auch einem »Verwaltungsrat« zugewiesen. Nach außen trat die Bahn gemäß Bundesbahngesetz nur »wie eine AG« auf, aber sie war keine Aktiengesellschaft. Alles Petitessen, aber bezeichnende Hinweise auf das Denken dieser Herren.

Wir schluckten die Belehrung, die eine unmissverständliche Maßregelung darstellte, und sicherten mit dem Ausdruck des Bedauerns zu, die Kritik an das betreffende Vorstandsmitglied weiterzugeben.

Bereits der Auftakt signalisierte, welchen Verlauf die Runde nehmen würde. Wir hatten auf Zustimmung für das Papier gerechnet. Doch das war eine Illusion.

Die zentrale Vorhaltung, die immer wieder zur Sprache kam, war die vermeintliche Amtsanmaßung und Kompetenzüberschreitung der Urheber des Papiers. Wir hätten uns »Aufgaben des Eigentümers« zu eigen

Das in den achtziger Jahren errichtete Bundesverkehrsministerium am Bonner Robert-Koch-Platz, nach der Sanierung im Jahr 2013

gemacht, hätten eine Rolle übernommen, die uns nicht zustünde: Die Hauptverwaltung der Bahn sei eine dem Ministerium nachgeordnete Behörde. (Jetzt kam also doch noch die Behördensituation ins Spiel!) Wie in einem vereinten Deutschland das Eisenbahnwesen organisiert werde, sei allein Sache des Bundesverkehrsministeriums. Der Verwaltungsrat der Bundesbahn spielte augenscheinlich dabei keine Rolle.

Dann folgten Vorwürfe zu einzelnen Details. Wie kämen wir beispielsweise dazu, eine Neubaustrecke zwischen Hannover und Berlin vorzuschlagen, die nicht Magdeburg tangiere? Wenn so etwas an die Presse käme.

Wir waren noch immer bei TOP 1 »Begrüßung«. Das Papier war noch gar nicht vorgestellt worden. Der Abteilungsleiter verhielt sich wie ein Autokrat, den die Meinung Subalterner nicht sonderlich interessierte. Sein Auftritt stand in krassem Gegensatz zu einer modernen Unternehmensführung, die auf einer ständigen Optimierung und einer Vertrauensbasis über Hierarchiestufen hinweg basierte.

Danach folgte eine recht amüsante Bemerkung dieses Herrn. Die Budgets für eine Bewirtung seien sehr knapp bemessen, weshalb es für jeden Teilnehmer lediglich ein belegtes Brötchen als Abendessen gebe. Da wir aber vom Ministerium verköstigt würden, sei dies in unserer Dienstreiseabrechnung bei der Bahn zu berücksichtigen. Da war es wieder: das Budget. Beinahe hätte es unseren Vortrag verhindert.

Zur Ehrenrettung des Ministeriums muss jedoch erinnert werden, dass die Neugestaltung des Eisenbahnwesens in einem wiedervereinigten Deutschland, zusätzlich in einem Kontext mit noch nicht ausreichend bekannten europäischen Regelungen für einen liberalisierten Eisenbahnverkehrsmarkt, eine sehr große Herausforderung darstellte. Eine Herausforderung die damals keiner in dieser Runde vollständig erfassen konnte. Diesen Sachverhalt wollten die Vertreter des Ministeriums wohl nicht vor uns diskutieren.

Nunmehr durfte mein Chef endlich das inkriminierte Papier erläutern. Zum Glück war er stur und professionell genug, um nicht die Contenance und den Faden zu verlieren – trotz kritischer Zwischenfragen und unhöflicher Körpersprache. Man demonstrierte damit nicht nur Desinteresse und Ablehnung, sondern auch, welchen Platz wir in ihrer Hierarchie einnahmen: Sie waren oben, wir unten, sie waren die uns vorgesetzte Behörde, wir waren die nachgeordnete Instanz. Eine maßgebliche Person – ich formuliere vorsichtig – lag mehr auf ihrem Stuhl als sie saß. Zudem griff sich dieser Mann auffällig zwischen die Oberschenkel, wenn er meinen Chef ansprach. Die Geste zeigte demonstrative Verachtung.

Dank der Beharrlichkeit meines Chefs kamen wir nach langer Zeit doch noch zum Punkt »Weiteres Vorgehen«. Nach den vielen kritischen Bemerkungen überraschte die Ablehnung nicht mehr. Das Papier sei ein »Non-Paper«, es existierte nicht. Explizit wurde uns verboten, diese Ausarbeitung zu verteilen oder mit Dritten darüber zu sprechen. Sofern es weitere Überlegungen oder relevante Informationen gebe, sollten wir uns an einen namentlich genannten Unterabteilungsleiter wenden, einem »Ständigen Vertreter des Abteilungsleiters«.

Ich greife vor: In den kommenden Monaten führten mein Chef und ich wiederholt Sechsaugengespräche in Bonn, in denen sich dieser Unterabteilungsleiter uns gegenüber als kooperativ erwies. Seine Ehrlichkeit betraf nicht nur sachliche Fakten, sondern auch die Stimmung, die gegen unser Papier gemacht wurde. Auch unsere abgespeckten Versionen des Zabeltitz-Papieres wären laut seiner offenen Worte und der Gestik so sinnvoll wie, O-Ton, das »Onanieren in den Papierkorb«.

Wir vier zogen uns nach Mitternacht völlig demoralisiert in unser Hotel zurück. Was hatten wir falsch gemacht? Auch der Genuss mehrerer Biere an der Bar half uns nicht weiter. Heute sehe ich die Sache klarer:

1. Die späteren »Verkehrsprojekte Deutsche Einheit« sollten wohl nicht *vor* dem Beitritt der DDR bekannt werden. Dadurch wären wohl vor allem kritische Westbürger auf den Plan gerufen worden.

2. Die Kosten sowohl für die Erneuerung der desolaten Infrastruktur der Reichsbahn als auch die bis 1990 unterbliebenen Investitionen in die Bundesbahn sollten vermutlich nicht öffentlich diskutiert werden. (Über die Kosten der erwarteten Vereinigung sprachen damals nur wenige Politiker öffentlich.)

3. Wahrscheinlich besaß das Bundesverkehrsministerium keine Strategie für die künftige Ausrichtung der Eisenbahn in Deutschland und in Europa. Vorschläge von außen wären allein deshalb nicht willkommen gewesen, weil sie auf eben dieses Defizit hingewiesen hätten.

4. Offenkundig hatte man auch keine Vorstellung davon, wie man beispielsweise »hoheitliche Aufgaben« organisierte, wenn die Bahnen in Gesellschaften des Handelsrechts überführt, also privatisiert werden würden. Welche Behörden mussten dafür geschaffen werden? Und es musste geklärt werden, welche bisher von Bundesbahnbeamten wahrgenommenen Aufgaben tatsächlich »hoheitliche Aufgaben« waren.

Das im Herbst 1993 verabschiedete Gesetzespaket zur Neuordnung des Eisenbahnwesens und der Zuständigkeiten für den Personenregionalverkehr in Deutschland war sehr umfangreich. Ich glaube nicht, dass das Bundesverkehrsministerium im März 1990 sich bereits vollumfänglich darüber im Klaren war. Solche und weitere Imponderabilien hatten wohl in der Abteilung Eisenbahn dazu geführt, uns recht unhöflich zu behandeln und außen vor zu lassen. Wir sollten ihre Kreise nicht stören.

Wenige Wochen später, am 23. April, bot die Bundesregierung der DDR eine Währungs-, Wirtschafts- und Sozialunion an. In den ersten Entwürfen, die uns vorlagen, fand sich auch ein Abschnitt zur Zukunft des Post- und Nachrichtenwesens in Deutschland.

Für das Eisenbahnwesen fand sich dergleichen nicht.

Was Wunder: Das Bundespostministerium hatte bereits in den achtziger Jahren eine Reform auf den Weg gebracht. Die erste Stufe war bereits 1989 realisiert worden, die zweite Stufe sah die vollständige Überleitung in nach Handelsrecht geführten Gesellschaften vor. Mit anderen Worten: Dort hatte man die Hausaufgaben gemacht. Im Bundesverkehrsministerium wollte man wohl zunächst noch die Vorschläge der Regierungskommission Bundesbahn abwarten.

Am 18. Mai 1990 wurde der Vertrag über die Schaffung einer Währungs-, Wirtschafts- und Sozialunion im Palais Schaumburg von Bundesfinanzminister Theo Waigel und Walter Romberg, jetzt Finanzminister der DDR, unterzeichnet. Anschließend erteilten die parlamentarischen Gremien ihre Zustimmung, der Vertrag trat am 1. Juli 1990 in Kraft. Der in die Entwürfe bereits aufgenommene Absatz zur Neuordnung des Post- und Nachrichtenwesens wurde im fertigen Vertrag nicht mehr erwähnt. Nur in Absatz 2 des Artikels 26 (»Grundsätze für die Finanzpolitik der Deutschen Demokratischen Republik«) war lediglich gesagt, dass die Deutsche Reichsbahn und die Deutsche Post der DDR als Sondervermögen aus dem Staatshaushalt auszugliedern seien. Das war wohl der kleinste gemeinsame Nenner, auf den sich die Ministerien hatten einigen können.

Im Westen existierte seit dem 1. Februar 1989 die »Regierungskommission Bundesbahn«. Sie legte im Juni 1991 einen ersten Zwischenbericht vor; Vorschläge zur Zukunft der Bahnen in Deutschland lagen bis zur Schlussredaktion der Verträge zur Wirtschafts-, Währungs- und Sozialunion und dem »Einigungsvertrag« vom 31. August 1990 tatsächlich nicht vor.

In unserem Zabeltitz-Papier war ein Großteil der offenen Punkte direkt oder indirekt angesprochen. Eigentlich hätten wir die Fragen ergebnisoffen diskutieren wollen und können. Die Führungen der beiden Bahnen hätten den weiteren Prozess mit Sicherheit konstruktiv und mit der notwendigen Vertraulichkeit begleitet und ihre Arbeit professionell erledigt. Aber dazu kam es im März 1990 nicht.

Ich kann für mich reklamieren, der Einzige der vier Gesandten der Bundesbahn gewesen zu sein, der in verschiedenen Projekten und vorübergehend auch als persönlicher Assistent des Vorsitzenden des Vorstands der Reichsbahn den Prozess der Zusammenführung beider Bahnen ununterbrochen bis zu seinem Ende im Januar 1994 mit begleitet hat. Einige Mitglieder des Vorstandes der Deutschen Bundesbahn und mein Chef wurden bald oder in Jahresfrist mit neuen Aufgaben in anderen Unternehmen des Bundes betraut, beispielsweise bei der Treuhandanstalt, der Deutschen Bundespost Telekom und bei der Deutschen Flugsicherung.

Konkrete Informationen über detaillierte Planungen des Bundesverkehrsministeriums erhielten wir ab April 1990 nur noch auf dem »kleinen Dienstweg« und sehr gefiltert. Erst als am 1. Januar 1991 Heinz Dürr zum Vorsitzenden des Vorstandes der Deutschen Bundesbahn berufen wurde, standen uns wieder ausreichend Informationen über die Überlegungen zur Zukunft der Bahnen zur Verfügung.

Im Gründungsvorstand der DB AG wurde 1994 ein Ressort geschaffen für die Bereiche Recht, Immobilien und Personenbahnhöfe. Zum Mitglied des Vorstandes für dieses Ressort wurde der Abteilungsleiter Eisenbahn des Bundesverkehrsministeriums berufen. Tatsächlich

»Ich kann für mich reklamieren, der Einzige der vier Gesandten der Bundesbahn gewesen zu sein, der […] den Prozess der Zusammenführung beider Bahnen ununterbrochen bis zu seinem Ende im Januar 1994 mit begleitet hat.«

hatte sein Ministerium bis 1993 alle Antworten auf die offenen Fragen gefunden und EU-weit abgestimmt. Die gesetzlichen Beschlüsse hierzu wurden 1993 getroffen. Wir bekamen bis zum 5. Januar 1994 – an jenem Tag wurde in Berlin die Deutsche Bahn AG ins Handelsregister eingetragen – rechtzeitig alle relevanten Informationen.

Dieser 5. Januar 1994 war auch der letzte Tag meiner Arbeit für die Zusammenführung beider Bahnen.

5.
Rücktritte, Ankündigungen, Maßregelungen, Verhaftung und die tägliche Arbeit

Zwischen Frühjahr und Herbst 1990 leistete unsere »Gemeinsame Gruppe« Kärrnerarbeit. Das Wort ist die Ableitung aus »Karrenführer« und steht für anstrengende, zähe Arbeit. Der Job war auch nie ungefährlich, mancher kam dabei unter die Räder. »Wenn die Könige bauen, haben die Kärrner zu tun«, meinte Schiller in den »Xenien«. Schwerst- und Knochenarbeit wäre auch eine gute Bezeichnung für unser Tun gewesen.

Die Rolle des Wagenziehers übernehmen bei der Bahn die Lokomotiven. Sehr viele Arbeitsgruppen, besetzt mit Fachleuten beider Bahnen, übernahmen die Aufgabe, tausende Richtlinien, Vorschriften und Regeln abzugleichen, auf wechselseitige Verständlichkeit zu überprüfen und notfalls so zu ändern, dass sie von Reichs- und Bundesbahnern gleichermaßen verstanden wurden. Sodann mussten die betroffenen Kolleginnen und Kollegen informiert und geschult werden, damit beide Bahnen im Miteinander reibungslos funktionierten. Verfahrenssicher, technisch sicher und rechtssicher musste das Ganze ablaufen. Dies war nicht immer einfach. Die für die Regelungen Verantwortlichen beider

Bahnen wollten den Erfolg, aber einige wollten auch »ihre« Regelungen durchsetzen. Kompromisse mussten gefunden und im Streitfall, wenn es sein musste, durch die einzelnen Vorstände oder den »Gesamtvorstand« entschieden werden.

Der für die sprachliche Form der Richtlinien zuständige Hauptabteilungsleiter der Bundesbahn wollte einen großen Wurf wagen. Er beabsichtigte, das in über 150 Jahren gewachsene Vorschriftendeutsch durch eine moderne Sprache zu ersetzen und gleichzeitig die ausufernde Anzahl von Vorschriften zu reduzieren.

Diese »Revolution« sollte gleichzeitig das Sahnehäubchen auf der Bahnreform werden. Der Macher und Initiator war davon überzeugt, dass alle Mitarbeiter und Mitarbeiterinnen davon begeistert sein würden. Das erwies sich schon bald als Irrtum. Aus der Kärrnerarbeit wurde schnell eine Sisyphusarbeit. Der Stein donnerte immer wieder zu Tal, und wir begannen erneut. Beamte und Fachleute scheiterten daran, von jetzt auf gleich Fachschriftsteller und Autoren zu werden. Wir ignorierten zwangsläufig die entsprechenden Forderungen und Wünsche des Hauptabteilungsleiters und seines Teams.

Als ich die Bahn 2007 verließ, waren noch immer nicht alle Vorschriften und Regelwerke umgeschrieben.

Nachdem wir Form und Sprache der Richtlinien unverändert ließen, waren, wie bereits erwähnt, zwischen den Verantwortlichen beider Bahnen Einvernehmen zu erzielen. Viele Entscheider waren uns aber abhandengekommen. Dummerweise wechselten maßgebliche Führungskräfte der Reichsbahn so rasch wie die Namen einiger U- und S-Bahnstationen in Ostberlin. Bundesbahnseitig konnte ebenfalls keine Stabilität erwartet werden. Entscheiderkreise mussten kompetent besetzt sein, und vom Vorstand der Bundesbahn oder der Generaldirektion der Reichsbahn waren notwendige Grundsatzentscheidungen zu treffen. Aber wer wollte Grundsätzliches entscheiden, wenn die eigene berufliche Zukunft ungewiss oder der Vorsitzende des Vorstands der DB kurzfristig zur Treuhand gewechselt war?

»Zabeltitz« war inzwischen zum Schlagwort geworden, nachdem unsere Arbeit öffentlich geworden war. Schnell munkelte man in der Hauptverwaltung, dass diese Arbeit für die Beteiligten »Konsequenzen nach sich ziehen werde«. Einige der beteiligten Führungskräfte der Bundesbahn verließ der Mut, den sie damals aufgebracht hatten, als sie in die DDR gereist waren. Sie tauchten ab. Ein Vorstandsmitglied besaß jedoch Courage und verteilte das Papier in großer Zahl. Ich kam mit unserem Etagenkopierer nicht mehr nach und ließ in der hauseigenen Druckerei das Konvolut in großer Auflage drucken. So wurde aus dem »Non-Paper« ein richtiges Papier in einer Auflage von mehreren hundert Exemplaren.

Allerdings hatte das sehr unterschiedliche Folgen. Kollegen, die mich wegen meiner Führungsaufgabe in der »Gemeinsamen Gruppe« zunächst als »künftig wichtige Person« behandelt hatten, übersahen mich plötzlich. Diese Erfahrung war mir neu. »Wahrscheinlich versagt mein Deodorant«, sagten wir als Jugendliche, wenn wir auf dem Schulhof von Mädchen ignoriert wurden.

Natürlich lag es nicht am Deodorant.

Andere übersahen mich nicht, meinten aber süffisant, dass meine große Karriere bei »Tafelspitz« wohl nun dem Ende zugehe. Allein die Verballhornung von »Zabeltitz« in »Tafelspitz« offenbarte den kleingeistigen Charakter dieser Menschen.

Ich hatte bis dato fünfundzwanzig Jahre lang gearbeitet, unter anderem in zwei äußerst respektablen Baufirmen als Maurerlehrling, Maurer und als Bauzeichner. Bei der Bundesbahn wurde ich von der Nordsee bis zum Alpenrand als Bauleiter im Gleisbau eingesetzt, danach als Dienststellenleiter und als Betriebsingenieur. Derart schlechte Verhaltensweisen waren mir fremd, so etwas hatte ich noch nie erlebt. Ich war wohl zu naiv, um mir vorzustellen, wie glatt das Parkett in einer Unternehmenszentrale war.

Bis zum Ende meines Berufslebens musste ich diese unangenehme Erfahrung noch einige Male machen. Ein besonders negatives Ereignis erlebte ich 2002 als Leiter der Baufirmen der Bahn. Hauptauftraggeber waren die Infrastrukturgesellschaften der DB AG, vor allem die DB Netz AG. Deren Vorstand war quasi mein »Aufsichtsrat«. Die Zukunft dieser Bahnbaufirmen war ungewiss, weil dieser »Aufsichtsrat« grundsätzliche Entscheidungen immer wieder hinauszögerte. Daran aber hing das Schicksal der Gesellschaften und das von über siebentausend Arbeitsplätzen. Bekanntlich frisst auf dem Markt nicht der Große den Kleinen, sondern der Schnelle den Langsamen. Die betroffenen fünf Baufirmen und der entsprechende Geschäftsbereich gehörten aus meiner Sicht zudem zum wertvollen Gut der Bahn. Angesichts des Zauderns der Vorgesetzten präsentierte ich dem Konzernvorstand einen Lösungsvorschlag. Der ihm nachgeordnete Vorstand der DB Netz AG schäumte – ich rechnete deshalb täglich mit meiner Ablösung. In dieser Phase lud die Bahn AG zu einem Treffen der Führungskräfte nach Berlin. Im Foyer des Hotels traf ich auf Kolleginnen und Kollegen meiner Ebene. Viele drehten sich demonstrativ weg oder gingen zur Seite, als sie mich sahen. Andere sahen mich nur fragend an. Ich hatte etwas getan, was sich nicht geziemte: Ich hatte die gültige Ordnung ignoriert. Zurück vor die Tür, um frische Luft zu atmen, mir war unwohl. Warum nur war ich nach Berlin gefahren?

In diesem Augenblick fuhr der Vorsitzende der größten Bahngewerkschaft vor. Er war als Gastredner geladen. (2008 sollte er zum Mitglied des Vorstandes der DB AG, als Arbeitsdirektor, berufen werden.) Er sah mich, kam auf mich zu, legte demonstrativ seinen Arm auf meine Schulter und führte mich, freundlich mit mir redend, durch die Hotellobby. Nach diesem Auftritt war ich augenblicklich wieder der geschätzte Kollege, mit dem man bedenkenlos sprechen und auch lachen konnte.

Zurück in den März 1990. Mit meinem Chef flog ich nach Berlin-Tegel. Ein Wolga der Reichsbahn stand vorm Terminal und brachte uns nach Ostberlin in die Krausenstraße 17-20. Heute fungiert das Gebäude als Außenstelle des Bundesverkehrsministeriums, damals logierte hier – zwischen Leipziger Straße und Mauer –

das Ministerium für Verkehrswesen der DDR. Erstmals sollte ich dort auch auf Jens Brückner treffen.

Der Wolga-Fahrer war ein wenig unsicher: So oft war er noch nicht in Westberlin gewesen, mein Chef dirigierte ihn. Ich war nicht hilfreich, für mich war ganz Berlin Neuland. Plötzlich rollten wir über eine frisch asphaltierte Straße durch Ödland auf eine Maueröffnung zu. Das sei der berühmte Potsdamer Platz, meinte mein Chef. Niemandsland einst, weil ein Stück diesseits der Grenze – das berühmte Lenné-Dreieck – eigentlich zur DDR gehört hatte und darum, ehe es wenige Jahre vorher ausgetauscht wurde, von Westberliner Jugendlichen besetzt worden war, die sich vor der Polizei in Sicherheit hatten bringen wollen. Durch die Presse ging damals, dass sie über die Mauer nach Ostberlin gestiegen waren und dort mit Tee begrüßt wurden. »Der Himmel über Berlin« schoss es mir in diesem Augenblick durch den Kopf. Der beeindruckende Film von Wim Wenders holte mich ein.

Hinter dem Mauerloch und dem Gestrüpp war ich in der Deutschen Demokratischen Republik. Schon bald erreichten wir das Büro von Dr. Werner Wirth. Aus seinem Bürofenster blickten wir auf die Mauer, die hier noch nicht mit Grafitti versehen war. Sie stand wenige Meter vor seinem Fenster, grau und so dicht, dass man kaum den Himmel sah. Zwischen Mauer und seinem Fenster verlief ein Weg. Das Haus, ein neoklassizistisches Gebäude, roch sauer nach feuchtem Kalkputz. Der letzte Anstrich lag erkennbar einige Jahre zurück.

Hinter oder neben Wirths Schreibtisch stand eine Schrankwand mit einem verglasten Mittelteil. Dort leuchtete eine Vielzahl dienstlicher Erinnerungsstücke, die Dr. Wirth kurz reflektierte. Auch Gläser standen säuberlich aufgereiht. Es waren nicht nur Wassergläser, sondern auch einige für Bier, Wein oder härtere Dinge. Wir wurden mit Blick auf die Gläserpracht gefragt, ob wir etwas trinken wollten. Nein danke, der Kaffee ist prima. Wirth war sichtlich froh über die Reaktion. Die Gläser waren augenscheinlich bei ihm mehr zur Dekoration denn zum Gebrauch gedacht. Er trank im Dienst wohl so wenig Alkohol wie wir – am liebsten keinen.

Dr. Werner Wirth, der direkte Partner meines Chefs, war ein angenehmer, geradezu warmherziger Gesprächspartner. Er zeichnete sich, wie fast alle Führungskräfte der Deutschen Reichsbahn, durch einen umfangreichen Sachverstand aus. Er war ein wacher Geist, der aufgeschlossen und kollegial in die Zukunft schaute, das Beste unvoreingenommen für die Bahnen und deren Menschen wollend.

Mit Jens Brückner konnte ich jetzt erstmals allein und von Angesicht zu Angesicht sprechen, wir lernten uns dabei noch besser kennen und schätzen.

Ich bemerkte beiläufig, dass der Blick aus seinem Bürofenster auf die Mauer doch etwas trostlos sei. Es ist schon viel besser geworden, sagte er lächelnd. Bis vor ein paar Wochen seien zwischen Mauer und Fenster noch Schäferhunde gelaufen.

Ob mit oder ohne Hunde: Ich war dankbar, kein Büro in diesem Haus beziehen zu müssen. Die Generaldirektion der Reichsbahn sowie weitere Dienststellen saßen in mehreren Gebäuden, es existierte in Berlin keine richtige Zentrale der DR. Das vielleicht einzige repräsentative Hauptgebäude der Reichsbahndirektion Berlin befand sich ausgerechnet im Westteil der Stadt und war bis zum Mauerfall für die meisten DDR-Reichsbahner nicht zugänglich.

Die Deutsche Bundesbahn errichtete gerade eine moderne Zentrale in Frankfurt am Main und hatte bereits die Genehmigung für einen zweiten Bauabschnitt in der Schublade. Eine vollständig ausgebaute Zentrale an der Frankfurter Stephensonstraße hätte Platz für knapp dreitausend Personen geboten. Deshalb befürchteten die Führungskräfte der Reichsbahn, dass bei einem Zusammenschluss beider Bahnen ein Umzug in die Mainmetropole erfolgen würde.

Ohne dass wir es bemerkten, bauten deshalb die Verantwortlichen in Ostberlin vor. Im Stadtbezirk Lichtenberg saß einst das Ministerium für Staatssicherheit. Das Ministerium war von der Volkskammer im November 1989 aufgelöst worden. Der Versuch, stattdessen ein Amt für Nationale Sicherheit (AfNS) neben dem Auslandsnachrichtendienst zu etablieren, war am Unmut der DDR-Bevölkerung gescheitert. Den finalen Todesstoß aber hatte der sogenannte Sturm auf die Stasizentrale am 15. Januar gesetzt. Bis heute rätseln immer noch einige Menschen, ob die Besetzung des Areals zwischen Rusche- und Normannenstraße sowie Frankfurter Allee von westlichen Geheimdiensten inszeniert worden war, um an bestimmte Unterlagen (»Rosenholtz«) zu gelangen. Oder ob es wirklich nur eine von vielen Protestaktionen gewesen ist. Egal. Seither war das Riesenobjekt verwaist, und die Reichsbahnzentrale kaufte kurzentschlossen einige Immobilien auf diesem Gelände. Schon im Mai 1990 zogen die ersten Mitarbeiterinnen und Mitarbeiter und ich als Gast ein.

Die Einrichtungen wurden vom Vorbesitzer übernommen, Schreibtische und Bürostühle waren denen der Deutschen Bundesbahn sehr ähnlich. Weiter gab es in allen Büros Akten- und Stahlschränke, Kühlschränke, Kaffeemaschinen und Gerätschaften, mit denen Papiere geschreddert werden konnten. Die Kolleginnen und Kollegen der Reichsbahn empfanden diese Ausstattung als luxuriös. Offenkundig waren ihre früheren Büroräume etwas einfacher möbliert.

Ich greife mal vor: Die Konzernzentrale der Bahn hat heute ihren Hauptsitz in Berlin, als großes Staatsunternehmen selbstverständlich an zentraler Stelle am Potsdamer Platz. Viele weitere Arbeitsplätze der Bahn sind ebenfalls in Berlin angesiedelt, z. B. im Hauptbahnhof und in anderen Bahnhöfen, in Werken sowie in weiteren modernen Bürogebäuden. Ich selbst bin immer stolz, wenn ich das Gebäude am Potsdamer Platz mit dem großen Logo der DB sehe, egal ob in Nachrichtensendungen oder Berichten des TV sowie vor Ort. Einige Jahre hatte ich ein kleines Zweitbüro in der 23. Etage mit Blick auf die alte Direktion der Reichsbahn am Schöneberger Ufer.

Im Gebäude der ehemaligen Konzernzentrale in Frankfurt am Main sind heute die Zentralen der Personenverkehrsunternehmen der DB AG untergebracht. Der zweite Bauabschnitt wurde nicht mehr realisiert, dieser Plan hatte sich nach 1990 erledigt.

Für die Stadt Berlin, so meine Auffassung, war damals der Einzug der Deutschen Reichsbahn in die einstigen Bürogebäude der Staatssicherheit in Lichtenberg ein Segen. Ein Leerstand mit Folgen blieb dem Objekt dadurch erspart. Problematisch bei den Plattenbauten aber war und ist die Statik. Ein Umbau, etwa durch die Herausnahme von Wänden, war nur mit großem Aufwand zu besorgen. Moderne Bürogebäude heutzutage werden durch die Außenkonstruktion und die Decken gehalten. Das erlaubt zu jeder Zeit eine Änderung der Innenarchitektur und eine Anpassung an die jeweiligen Bedürfnisse. Die Zentrale der DB AG am Potsdamer Platz wird aktuell erneut umstrukturiert, da die gestiegenen Temperaturen sowie der Zwang zu mehr Umweltschutz eine bessere Klimatisierung verlangen. Zudem haben die Erfahrungen aus der Coronazeit Folgen selbst für Bürolandschaften. Immer mehr Mitarbeiter nutzen die Möglichkeit des Homeoffice, also braucht man auch weniger Büros.

Heute besitzt ein Immobilienunternehmen das ehemalige MfS-Areal in Lichtenberg. Allerdings steht ein Großteil der Objekte auf dem achtzehn Hektar großen Gelände unverändert leer. Hier ist die Stadt Berlin unbedingt in der Pflicht, schnelle Entscheidungen zur Nutzung des Areals zu treffen und diese umzusetzen. Der aktuelle Eindruck schadet dem Stadtteil und der Stadt insgesamt massiv. Der Verdacht, dass es sich bei dem Eigentümer um einen Immobilienspekulanten handeln könnte, drängt sich auf. »Hier hatte bis 2011 die Deutsche Bahn ihren Berliner Geschäftssitz, das Logo prangt noch immer markant auf dem Hausdach, wenn auch verhüllt«, schrieb die *Berliner Zeitung* am 16. Mai 2023. »Als die Bahn sich 2011 entschloss umzuziehen, kam es zu einem höchst merkwürdigen, für Berlin aber nicht untypischen Deal: Die 90.000 Quadratmeter Bürofläche wechselten für 1 Euro den Besitzer. Und zwar an jene Aris (*Immobiliengesellschaft in Berlin-Spandau – d. Verl.*), die sich über die Zukunft dieser Flächen, die rechnerisch 1.500 Wohnungen à 60 Quadratmeter ausmachen, nicht äußert. Es kommt noch besser: Laut dem Magazin *Business Insider* legte die Bahn sogar noch 550.000 Euro drauf, damit der Käufer den Vertrag über einen Euro unterzeichnete, genau gesagt handelte es sich also um einen ›negativen Kaufpreis‹. Dabei liegen die Gebäude in bester Innenstadtlage, direkt an der Linie U5, gut angebunden.« So die *Berliner Zeitung* im Mai 2023.

Aber das ist eine andere Geschichte, die nicht ursächlich mit meiner und der Tätigkeit der »Gemeinsamen Gruppe DB/DR« zu Beginn der neunziger Jahre zusammenhängt.

Nach unserer ersten persönlichen Begegnung im März 1990 trafen sich Jens Brückner und ich fortan regelmäßig zu Konsultationen in Berlin, in Frankfurt am Main oder in einem Schulungszentrum der Bundesbahn in Bad Homburg vor der Höhe. Gerne hätten wir uns immer in Berlin getroffen, aber die Übernachtungsmöglichkeiten waren durch den Mauerfall rar. Meist ging es morgens mit dem ersten Flieger nach Berlin und abends mit dem letzten zurück. Die Reichsbahn bemühte sich um Schlafmöglichkeiten. Einmal nächtigte ich an der Spree. Im 1988 fertiggestellten Neubau an der Jannowitzbrücke saß bis vor Kurzem noch der Bundesvorstand des Freien Deutschen Gewerkschaftsbundes (FDGB). Das moderne Gebäude nannten die Berliner »Harrys Tischkasten«, weil der bis zum Herbst '89 amtierende FDGB-Chef Harry Tisch hieß. Inzwischen wurden die Räumlichkeiten als Hotel genutzt; seit 2001 befindet sich in dem Gebäudekomplex die Botschaft der Volksrepublik China. Für die Übernachtung zahlte die Reichsbahn pro Person und Nacht 250 DM. Das war auch 1990 ein horrender Preis. Ein vergleichbares Hotel in Westdeutschland hätte deutlich unter 100 DM gekostet. Ein Jahr später war der Mangel immer noch gegenwärtig. Für eine Übernachtung in einem Jugendtouristhotel in Magdeburg im September 1991 musste ich in einem Sechs-Bett-Zimmer 150 DM bezahlen. Die Gastronomie in »Harrys Tischkasten« hatte im Frühjahr 1990 ihre Preise noch nicht »dynamisiert«. Für ein leckeres Filet zahlte ich im Restaurant des Hauses 2,50 DM. Es war das preiswerteste Filet meines Lebens und damit auch das beste.

Der gesellschaftliche Umbruch in der DDR forcierte also nicht nur den Vereinigungsprozess, sondern auch die Preisentwicklung auf dem Übernachtungsmarkt.

Nach unseren Gesprächen mit Dr. Werner Wirth in der Krausenstraße fuhr er uns mit seinem privaten

»Wartburg« zu unserem Quartier an der Jannowitz-Brücke. Vorher lud er uns zu einer abendlichen Stadtrundfahrt ein. Er wolle uns den schönsten Platz von Berlin zeigen, sagte er. Es war bereits dunkel, als wir den Platz der Akademie erreichten, der heute, wie schon immer, Gendarmenmarkt heißt.

Auf dem Platz vor dem Konzerthaus fuhr er hin und her, um den kaum ausgeleuchteten Platz mit seinen Autoscheinwerfern notdürftig zu erhellen. Der Deutsche Dom, der Französische Dom erschienen schemenhaft aus dem Dunkel. Dann richtete Wirth seine Scheinwerfer auf die Treppe des Konzerthauses und fuhr wenige Meter hin und her, damit wir das Portal sehen konnten. Plötzlich erfasste das Licht hinter dem Schiller-Denkmal eine Reihe Drogensüchtiger, die sich auf den oberen Treppenstufen gerade Spritzen setzten. Ein schockierendes Bild für uns alle: Schönheit versus menschliches Leid und Unheil.

Ich glaube, dass unsere Kollegen der Reichsbahn an diesem Abend noch nicht im Detail begriffen, was sie dort gesehen hatten. Bei ihren Besuchen in Frankfurt am Main erlebten sie dann die damals ausufernde Drogenszene am Hauptbahnhof. So hatten sie sich sicherlich den Westen nicht vorgestellt, der inzwischen auch hier in Ostberlin auf der Konzerthaustreppe angekommen war. Ihre Gedanken behielten unsere Reichsbahnkollegen höflich für sich. Ihre Mimik sprach jedoch Bände.

Der zweite Anlass, warum mich ein Aufenthalt auf dem Gendarmenmarkt immer wieder emotional bewegt: Es muss 2008 gewesen sein, ich war privat in Berlin und hatte viel Zeit. In einem Buchladen kaufte ich mir an einem warmen Frühlingsvormittag das neue Buch meines Lieblingsschriftstellers Uwe Timm. In »Halbschatten« beschreibt er auf wundervolle Weise die Geschichte Preußens bis zum bitteren Ende 1945. Timm fesselt mich immer wieder.

Ich setzte mich in der angenehm warmen Vormittagssonne auf eine steinerne Bank gegenüber dem Konzerthaus und begann zu lesen. Die Musiker, die vor der Treppe des Schauspielhauses nahe dem Schiller-Denkmal spielten, wechselten im Halbstunden-Rhythmus. Nach dem Saxofon kam die Geige, danach die Ziehharmonika. Bald jedoch habe ich nichts mehr wahrgenommen, nichts mehr gehört. Es wurde dunkel, als ich das Buch zuschlug. Ich hatte es ohne Pause zu Ende gelesen. Ich war am gleichen Ort in längst vergangenen Zei-

Der Gendarmenmarkt in Berlin, Aufnahme 2015. Fünfundzwanzig Jahre zuvor kurzzeitig auch Junkietreff

ten gewesen und kehrte an diesen geschichtsträchtigen Platz in die Wirklichkeit zurück. Es war ein großartiges Erlebnis.

Unsere »Gemeinsame Gruppe« bestand aus verschiedenen Teams unter der Leitung der fachlich zuständigen Bereichsleiter beider Bahnen, die zusätzliche Mitarbeiter oder Untergruppen beschäftigten. Alle Bereiche der Bahnen – von der Strategie über die Organisation bis hin zu den administrativen Angelegenheiten, den Einkauf, die operative Betriebsführung, die Technik oder das künftige Bahnnetz – wurden auf Gemeinsamkeiten oder Unterschiede hin durchleuchtet und Überlegungen für eine gemeinsame Zukunft und eine Anpassung der Regularien angestellt. Die Ergebnisse sollten einem Entscheiderkreis vorgelegt werden. So war es geplant.

Ärgerlich war, dass wir von der Reichsbahn noch immer keine Telefonverzeichnisse oder Organigramme erhalten hatten. Dieser Zustand behinderte die Zusammenarbeit. Immer wieder entschuldigten sich Dr. Wirth und seine Kollegen aus der Geschäftsführung mit unterschiedlichen Ausreden. Auch monatliche Geschäftsberichte wurden uns bis auf die erwähnte Eröffnungsbilanz und die technischen Zahlen, wie zum Beispiel die Anzahl der Wagen und Lokomotiven oder die Anzahl der Zugfahrten, vorenthalten.

Wir im Westen nahmen an, dass dies mit der starken Fluktuation der Führungskräfte bei der Reichsbahn zusammenhing. Der Bereichsleiter Organisation der Reichsbahn zum Beispiel wechselte in wenigen Monaten zwei Mal. Generaldirektor Herbert Keddy wurde ebenfalls abgelöst und am 1. Juni 1990 durch Hans Klemm ersetzt. Dieser brachte sein komplettes Kollektiv mit. Diese Wechsel wirkten sich nicht unbedingt positiv auf die Arbeit der »Gemeinsamen Gruppe« und die Besetzung der Entscheiderkreise aus.

Überraschend wurde im Juli 1990 Reiner Gohlke, der Erste Präsident der Deutschen Bundesbahn und Vorsitzender des Vorstandes der DB, als Chef der Treuhandanstalt berufen. Sein bisheriger Vertreter übernahm Gohlkes Aufgaben zusätzlich, eine Neubesetzung erfolgte erst im Januar 1991 mit Heinz Dürr.

Gohlke hatte seit 1982 an der Spitze der Deutschen Bundesbahn gestanden. Weshalb er für kurze Zeit nur – er amtierte vom 16. Juli bis 20. August – zum Treuhandchef in der DDR und damit zum Verwalter von etwa 8.500 DDR-Betrieben mit mehr als vier Millionen Menschen gemacht wurde, erfuhren wir nie. Ihm folgte noch vor der Vereinigung Detlev Rohwedder, der am 1. April 1991 in Düsseldorf unter bis heute nicht vollständig geklärten Umständen ermordet werden sollte. Danach übernahm Birgit Breuel das Ruder der Treuhand.

Diese Personalwechsel und der dadurch gestörte Informationsfluss behinderten unsere Arbeit sehr. Warum wir keine betriebswirtschaftlichen Kennzahlen von der Reichsbahn erhielten, durchschauten wir erst nach und nach. Die Führungskräftewechsel waren nur ein Teil des Problems. Hierzu möchte ich zwei Beispiele erwähnen, die etwas Licht in unser West-Dunkel brachten.

Das erste Beispiel betraf Geheimhaltung, die uns Westlern bis dahin völlig unbekannt war. Die Verkehrsminister beider deutscher Staaten – Horst Gibtner (DDR/CDU) und Friedrich Zimmermann (BRD/CSU) – besuchten gemeinsam den Rangierbahnhof Mukran auf Rügen mit dem dazugehörigen Fährhafen. Der Besuch erfolgte nicht wie früher in der DDR üblich mit dem Regierungssonderzug, sondern mit dem Hubschrauber. Der kreiste über den riesigen Bahn- und Fähranlagen an der Prorer Wiek, 340 Hektar insgesamt. Aus der Luft war erkennbar: Alle von den sowjetischen Truppen genutzten Güterwagen standen auf den Rangiergleisen in der Mitte, die zivil genutzten Wagen auf den Außengleisen.

Diese Aufstellung der Wagen widersprach jeglichem vernünftigen Arbeitsablauf für einen Rangierbahnhof. Den Grund erfuhr ich Jahre später, als ich wieder einmal in Mukran war. Das Rangierpersonal hatte etwa eine Woche vor der Ministervisite Weisung erhalten, die Wagen so zu platzieren wie gesehen – die militärisch genutzten Wagen sollten von den anderen verdeckt werden. Die zivil genutzten Güterwagen bildeten einen Sichtschutz allerdings nur für den Betrachter zu ebener Erde. Niemand hatte mit einem Hubschrauber gerechnet – der Blick von oben hatte die Maßnahme ad absurdum geführt.

Die Anlagen in Mukran waren innerhalb kürzester Zeit ab 1982 errichtet worde,1986 in Betrieb genommen, denn die Volksrepublik Polen entwickelte sich aus Sicht der östlichen Bündnispartner zu einem unsicheren

Mitglied des Warschauer Paktes und des RGW. Militär- und Ziviltransporte konnten nach Einweihung der Fähranlagen und der riesigen Bahnanlagen in Sassnitz-Mukran zwischen der UdSSR und der DDR ohne Nutzung des polnischen Territoriums über die Ostsee abgewickelt werden.

Viele Eisenbahnerfamilien waren, so der damalige Chef des Rangierbahnhofs Mukran, auf die Insel Rügen versetzt worden. Mit den Anlagen seien Wohnungen, Schulen, Kindergärten und andere soziale Einrichtungen entstanden.

1994 verließ der letzte Soldat der »Gemeinschaft Unabhängiger Staaten« (GUS), der Nachfolgeorganisation der UdSSR, deutsches Territorium. Der Abzug war zu großen Teilen auch über polnische Gleise erfolgt.

Die ursprüngliche Aufgabe des Eisenbahnfährhafens Mukran erledigte sich 1994 beim Abzug der sowjetisch-russischen Truppen; Aufnahme 2020

1994 waren die meisten Kolleginnen und Kollegen des bis dahin stark frequentierten Rangierbahnhof ohne Aufgabe. Genau das war der Grund, weshalb ich wiederholt nach Sassnitz fahren musste: Ich hatte dort im Auftrag des Vorstands Güterverkehr den erst wenige Jahre vorher nach Mukran gezogenen Eisenbahnerfamilien die schlechte Nachricht zu übermitteln, dass Mukran seine Bedeutung und sie ihre Arbeit verlieren würden. Letztlich konnte nur noch 125 Arbeitsplätze anbieten. Schweinehälften aus Kühlwagen der DB AG mussten damals in Kühlwagen der russischen Bahn umgeladen werden.

Anfangs saßen bei Betriebsversammlungen mir einige hundert Kolleginnen und Kollegen gegenüber, es wurden immer weniger. Die Blicke und Reaktionen waren stets die gleichen: Trauer und Enttäuschung. Fragen wurden selten gestellt. Einige hatten Tränen in den Augen. Die Menschen standen vor dem Aus, Alternativen konnte ich nicht anbieten. Wie sollten sie unter diesen Bedingungen hier auf Rügen im neuen System Fuß fassen?

Der Fährhafen verfügte als einziger Hafen in Mitteleuropa über Gleisanlagen der russischen Breitspur. Der Umschlag von Eisenbahnwaggons mit der in Finnland, Russland und den baltischen Ländern verwendeten Breitspur (1520 Millimeter) sollte dramatisch zurückgehen. In den 2000er Jahren wurden dort noch zwischen 60.000 und 70.000 Wagen pro Jahr mit den Eisenbahnfähren trajektiert, wobei der Hauptanteil nach Schweden ging. 2015 waren es nur noch anderthalbtausend Wagen …

Das zweite Beispiel für unsere Irritation war die Sache mit den Zahlen, die uns entweder vorenthalten oder ein wenig frisiert wurden.

Die Anzahl der Mitarbeiterinnen und Mitarbeiter der Reichsbahn war uns aus der Eröffnungsbilanz für das Jahr 1989 bekannt. Im Mai 1990 wurde uns eine um etwa zehntausend höhere Zahl auf dem kleinen Dienstweg mitgeteilt. Wir fragten nach, erhielten aber keine Auskunft. Doch wir ahnten es: Überall wurde Personal abgebaut, ganze Ministerien und Behörden wurden in der DDR geschlossen. Eine der Losungen, mit denen im Herbst 1989 die Menschen auf die Straße gegangen waren, lautete: »Stasi in die Produktion!« Auch die Deutsche Reichsbahn war Produktion.

Langsam erkannte ich das System des real existierenden Sozialismus, aber keineswegs umfassend. Dazu brauchte es noch vieler weiterer Begegnungen und Beobachtungen. Heute muss ich allerdings sagen: Ganz werde ich es wohl nie begreifen. Ich habe meine Kindheit und meine Jugend in der Bundesrepublik verbracht, dort wurde ich sozialisiert. Um das Leben in den beiden deutschen Staaten zu verstehen, hätte ich in beiden Ländern als Kind und Jugendlicher abwechslungsweise leben müssen. Diese Einsicht half mir auch zu verstehen, weshalb die Ostdeutschen genervt sind, wenn ihnen Westdeutsche erklären, wie die Ossis in der DDR gelebt haben.

Nach mehr als dreißig Jahren treffe ich mitunter auf ehemalige Reichsbahner, die bis zum Ruhestand sehr erfolgreich auf allen Ebenen, also auch in den obersten Führungskreisen der DB AG, tätig waren. Ihr Verhältnis zur bürgerlichen Demokratie ist unverändert zwiespältig. Sie kritisieren zum Beispiel den langwierigen Verlauf von Planfeststellungsverfahren, der sehr umfangreich sein kann. Das hänge mit der Demokratie, also der Mitsprache von vielen, zusammen, sage ich dann. Was ja ein Wert an sich ist: Jede Meinung wird beachtet, jede Stimme ist wichtig. Sie schütteln dann den Kopf und fordern, dass alles schneller entschieden und gemacht werden müsse. Die Gewaltenteilung oder das Prinzip der Subsidiarität – dass also »die Obrigkeit« erst dann regulierend eingreift, wenn die ihnen nachgeordneten Einrichtungen versagen – empfinden sie eher als störend denn als Gewinn im gesellschaftlichen Zusammenleben. Ich denke, dass dies Nachwirkungen eines zentral geführten Fürsorge- oder Wohlfühlstaates sind, was ja die DDR für die Mehrheit ihrer Bürger wohl auch tatsächlich war. »Der Staat« trug für alle und alles Verantwortung. Und wenn es klemmte, war er auch daran schuld. Damals wie heute.

Nur wenige meiner Reichsbahnbekanntschaften und -freunde sind sich des Widerspruchs bewusst: Auf der einen Seite profitieren sie von den Segnungen des demokratischen Rechtsstaates und verzehren die ihnen zustehende und oft nicht geringe Altersversorgung als ehemalige Führungskräfte der DB AG, sind aber dennoch unzufrieden über vieles, was im Lande läuft oder nicht läuft. Kein System bietet paradiesische Verhältnisse. Wer dieses aber verspricht, ist ein Demagoge und Lügner.

In der DDR war die Reichsbahn ein Element der Landesverteidigung, das erklärt wohl auch ihren in Teilen paramilitärischen Charakter und die besondere Behandlung im Wirtschaftsgefüge des untergegangenen Landes.

Das war in der Bundesrepublik anders. Wenn die Bundeswehr Transportleistungen der Bundesbahn benötigte, musste sie diese wie jeder andere Kunde bestellen und bezahlen. Es existierte lediglich einen Key-Account-Manager mit Büro, ähnlich dem wie für Chemie-, Erz- oder Kohletransporte. Für militärische Dinge, die zusätzlich zu den eisenbahnbetrieblichen Notwendigkeiten durch die Bundesbahn vorgehalten oder realisiert wurden, gab es Geld des Staates unter dem Titel »Maßnahmen der zivilen Verteidigung«.

In das System der DDR-Landesverteidigung waren nahezu alle Ministerien eingebunden, vorrangig natürlich die »bewaffneten Organe«, zu denen selbstverständlich auch das Ministerium für Staatssicherheit gehörte. Inwieweit diese legale Institution auch in der Deutschen Reichsbahn präsent war, entzog sich meiner Kenntnis. Es war mir damals auch egal. Ich hatte weder wissentlich noch willentlich mit Vertretern dieser Behörde Kontakt, wie ich auch nie mit den Nachrichtendiensten der Bundesrepublik Verbindung hatte oder habe.

Später erst, nachdem die MfS-Akten ausgewertet wurden, kamen auch die unterschiedlichen Verbindungen und Beziehungen zwischen »dem Organ« und der Reichsbahn ans Licht. Und manchmal auch durch Nebensätze in Gesprächen mit meinen Berliner Bekannten. Vor zwei Jahren erwähnte ein Freund und Ex-Reichsbahner beiläufig, er sei der Führungsoffizier von meinem Freund XY gewesen. Nun weiß ich nicht, ob er das ironisch gemeint hatte oder ob er tatsächlich OibE, also Offizier im besonderen Einsatz, war. Nach wenigen Sekunden beidseitigen Schweigens sprachen wir über andere Themen.

Über das plötzliche Schweigen war ich sehr froh, die Angelegenheit betraf nur meine beiden Freunde, nicht ihr Verhältnis zu mir.

Auch die Durchdringung der Deutschen Reichsbahn durch »die Partei« und andere politische Massenorganisationen, mit der sowohl der Betrieb gesteuert als auch kontrolliert wurde, war mir als Westdeutschen gänzlich fremd. Allerdings beging ich nicht den Fehler, den sehr viele meiner Landsleute machten, nämlich unsere Art zu leben und zu arbeiten als die beste Form des Daseins zu betrachten und sie als Elle zu nehmen, an denen andere Formen gesellschaftlichen Zusammenlebens zu messen waren, obwohl, ich bin ehrlich, für mich das manches Mal schwer war. Sie lebten in der DDR anders als wir, und ob sie damit glücklich waren oder nicht, können nur die Ostdeutschen selbst beantworten. Ich hüte mich jedenfalls, ihnen meine Maßstäbe und Prinzipien als die einzig akzeptablen vorzuhalten. Wie ich mich eben dagegen wehren würde, versuchte mir ein »gelernter DDR-Bürger« weiszumachen, ich würde in einer kapitalistischen Hölle leben und meines Lebens nicht mehr froh werden, wenn ich nicht meine Fesseln abwerfen würde.

Das hat es aber noch nie gegeben.

Sorge bereitet mir heute, dass in verschiedenen EU-Nachbarländern die Grundlagen unserer Demokratie unterhöhlt oder untergraben werden, etwa durch die Besetzung einflussreicher Positionen in den Leitungen von Radio und TV durch Parteigänger der Regierungsparteien. In einem dieser Länder besitzt meine Frau ein Anwesen, wir sind oft in ihrer früheren Heimat. Ich verstehe die politische Berichterstattung im TV dieses Landes nicht, weil ich die dortige Landessprache nicht beherrsche. Meine Frau schämt sich jedoch oft für bestimmte Sendungen und wird wütend, wenn sie zum Beispiel die »Verdrehungen« politischer Beiträge über die innere Opposition, über den westlichen Nachbarn Deutschland oder die EU in den Nachrichten hören muss. Nun gibt es in Polen einen Regierungswechsel und Hoffnung auf bessere Tage.

1990 und 1991 fand ich die Fähigkeit zur Selbstironie bei meinen ostdeutschen Landsleuten erheblich ausgeprägter als in meiner westlichen Umgebung. Für mich war diese interessante Art, mit seiner Vergangenheit umzugehen, Ausdruck von Souveränität und Selbstbewusstsein. Ein Beispiel: In jedem Arbeitskollektiv der Reichsbahn gab es eine für Agitation und Propaganda zuständige Person, ein Genosse oder eine Jugendfreundin. Im Herbst 1991 wurde ich – inzwischen der letzte verbliebene Assistent des Vorstandsvorsitzenden der Deutschen Reichsbahn – von den Kolleginnen und Kollegen unserer Organisationseinheit in lustiger Runde zum Verantwortlichen für Agitation und Propaganda in der Vorstandsetage »berufen«. Meine Vorgänger und Kollegen übergaben mir feierlich-heiter nach kurzen Statements die frühere Gewerkschaftskasse, also die des

FDGB. Darin lagen ein glänzender DDR-Pfennig und sehr viele Beitragsmarken … Im Nachhinein fühle ich mich noch mehr geehrt: Meines Wissens war Altkanzlerin Angela Merkel am Zentralinstitut für Physikalische Chemie, einer Einrichtung der Akademie der Wissenschaften der DDR, in ihrer FDJ-Gruppe ebenfalls für Agitation und Propaganda verantwortlich. Ich war also in guter Gesellschaft!

Nachdem, was ich im Laufe der Jahre über diese DDR erfahren habe, frage ich mich manchmal, wie sich dieses Land ökonomisch und politisch entwickelt hätte, wenn es nicht so viele Ressourcen für – im Nachgang unsinnige – Investitionen oder personelle Ressourcen – etwa für die Staatssicherheit – hätte aufwenden müssen. Das beginnt bei den Reparationsleistungen für den verbrecherischen Krieg Hitlerdeutschlands gegen die Sowjetunion (es wurden ja nicht nur Industrieprodukte und Uranerz in die Sowjetunion exportiert und die Stationierungskosten für die Sowjettruppen übernommen, sondern auch Fabriken und Gleisanlagen der Reichsbahn demontiert), und es endete nicht bei den Bündnisverpflichtungen gegenüber dem Warschauer Pakt. Die DDR und die Führungsmacht des Warschauer Paktes schlossen 1961 nicht nur die Westgrenze des Bündnisses – die DDR-Grenze zur Bundesrepublik –, sondern die UdSSR schrieb auch das Grenzregime und die Bewaffnung der DDR-Streitkräfte vor. Diese Waffen mussten in der Sowjetunion gekauft und an diese bezahlt werden.

Zu den »Verteidigungsausgaben« gehörte auch der Ausbau des bereits erwähnten Eisenbahnfährhafen Mukran, der einzig deshalb gebaut wurde, um die vorwiegend von der Westgruppe der sowjetischen Streitkräfte genutzte Eisenbahnverbindung zwischen der DDR und der UdSSR über die Ostsee zu führen. Bis dato führten die Transporte über polnisches Territorium. Polen galt Moskau zunehmend als politisch unsicherer Kantonist. Offiziell hieß es, die Güterzüge durch Polen seien unwirtschaftlich.

Was wohl auch nicht ganz falsch war: Kollegen der Reichsbahn, die für internationale Abrechnungen gegenseitiger Leistungen zuständig waren, berichteten mir, dass die Volksrepublik Polen die Instandhaltungskosten für Güterwagen im gegenseitigen Austausch unsauber abgerechnet hätten. Rückblickend kann man jedoch sagen, die Fähr- und Eisenbahnanlagen in Sassnitz-Mukran dienten niemals der DDR-Volkswirtschaft, sondern in der Hauptsache der Sowjetunion. Es wird berichtet, das diese Anlage allein zwei Milliarden Mark gekostet haben soll. Geld, welches der Reichsbahninfrastruktur gewiss gutgetan hätte.

Das war ein Grund, weshalb der Bau der Anlagen in Mukran unter größter Geheimhaltung erfolgte – man wollte den polnischen Nachbarn nicht zusätzlich verärgern, zumal es seit Jahren einen ungelösten Streit zwischen der DDR und Polen über den Grenzverlauf in der Pommerschen Bucht gab. Auch der war sowjetischen Ursprungs: Berlin hätte sich längst mit Warschau geeinigt, wenn es denn mit offenen Karten hätte spielen dürfen. Die Seegrenze verlief durch die Zufahrt zu den Häfen von Stettin und Swinemünde und durch ein polnisches Reedegebiet, dessen Ausdehnung Moskau zu verhindern wünschte, weil die Gefahr bestand, dass die dort auf dem Meeresgrund liegenden sowjetischen Nachrichtenkabel mit den Ankern der wartenden Schiffe beschädigt werden konnten. Also musste die DDR eine abschließende Regelung – sie kam erst 1989 zustande – hinauszögern und die Grenzfrage offenhalten.

Das war doppelt unfair. Moskau war einerseits zu feige, Warschau reinen Wein einzuschenken, und andererseits musste die DDR stellvertretend den außenpolitischen Ärger einstecken, wie man mir sagte.

Ein anderer Grund für die Geheimhaltung bei der Errichtung der Anlagen in Mukran lag auf der Hand: Der Hafen war aufgrund seiner Bestimmung ein militärisches Objekt.

Die Geheimniskrämerei meiner Kollegen blieb über 1990 hinaus ein Problem. Ich erwähnte bereits, dass es für uns kein Telefonverzeichnis für die einzelnen Dienststellen der DR gab.

Zu einer Besprechung im April 1990 in Bad Homburg nahm ich deshalb etwa fünfzehn Telefonverzeichnisse der Zentrale der Deutschen Bundesbahn mit und stellte sie demonstrativ auf die Fensterbank im Besprechungsraum. Am Ende der Veranstaltung wollte ich sie verteilen mit der Bitte, entsprechende Verzeichnisse der Reichsbahn zum nächsten Treffen mitzubringen. In der Mittagspause verschwanden die Verzeichnisse jedoch, die Kollegen hatten sich unaufgefordert bedient.

Unter vier Augen wurde mir von meinen Partnern auf die Frage nach dem Verbleib meiner Verzeichnisse erklärt, dass Telefonnummern und Organigramme aus Prinzip geheim seien. Lagepläne, Bahnhofsskizzen usw. hätten abends von den Schreibtischen zu verschwinden. In den Papierkörben dürften auch keine diesbezüglichen und zerrissenen Unterlagen liegen, die sich wieder zusammensetzen ließen. Der Klassenfeind schlafe nie. – Wir lachten. Wir Klassenfeinde hatten uns verstanden.

Die Reichsbahn erweiterte die Anzahl meiner Ansprechpartner für die Geschäftsführung der »Gemeinsamen Gruppe« um weitere großartige Kollegen. Werner Wirth hatte die beiden Ingenieure Hartmut Ritter (ein versierter Elektroingenieur) und Hans-Jürgen Göhler (ein versierter Bauingenieur) bestimmt. Beide zeigten auch großes Organisationstalent und profunde Kenntnisse aller Bahnsysteme. Sie stellten eine deutliche Stärkung unserer Geschäftsführung dar.

Wir saßen nach dieser Veranstaltung in Bad Homburg zusammen. Die Großzügigkeit nicht nur bei der Überlassung der Telefonverzeichnisse, sondern auch die Offenheit bei anderen Zahlen und Fakten hatte Eindruck hinterlassen. Die Organigramme der Bundesbahn waren seit Jahren öffentlich. Sie wurden ein Mal pro Geschäftsjahr durch die Bahnmedien auch international publiziert. Die Spitzen der Reichsbahn kannten sie bestimmt schon vorm Mauerfall. Hartmut und Hans-Jürgen zeichneten mit mir das erste Organigramm der Aufbauorganisation der Reichsbahn. Das Bild entstand handschriftlich, eine DIN-A-4-Seite, es wurde dem Protokoll beigeheftet. Das Blatt wurde zum Renner und blitzschnell deutschlandweit bekannt.

Kurze Zeit später lud Hans Mauthner, der Vizegeneraldirektor, meinen Chef und mich zu einem Abendessen ein. Grundlegendes sei zu besprechen. Wir trafen in einem Hotel nahe der U-Bahnstation Schillingstraße zusammen. Jens Brückner und ich nahmen im Restaurant an einem Nachbartisch Platz. Hans Mauthner und mein Chef, Bereichsleiter der Organisation und Datenverarbeitung der Bundesbahn, saßen an einem etwas größeren Tisch allein. Hans Mauthner hatte die Plätze so zugewiesen. Für mich war das sehr ungewöhnlich. Zum Glück sprach Hans Mauthner laut und deutlich, dass wir ihn von unserem Katzentisch aus gut verstehen konnten.

Nach kurzem Smalltalk erklärte Mauthner militärisch knapp die Zusammenarbeit der »Gemeinsamen Gruppe« und die der beiden Bahnen für beendet. Zabeltitz sei ein Irrweg gewesen, sagte er deutlich. Die Deutsche Reichsbahn würde nach einer Wiedervereinigung in Konkurrenz zur Bundesbahn antreten. Dies sei ein Leichtes für die Reichsbahn, denn sie wisse heute, was Umstrukturierung bedeute. Die Bundesbahn sei sozialistischer als die volkseigenen Betriebe der DDR es jemals gewesen seien. Die Führungskräfte der Bundesbahn hätten keine Ahnung vom Kapitalismus. Von der Bundesbahn könne die Reichsbahn darum nichts lernen. Er selbst hätte mittlerweile den Kapitalismus besser begriffen als wir.

Mit dem westdeutschen Verkehrsministerium gäbe es bereits entsprechende Gespräche.

Jens Brückner, mein Geschäftsführungskollege, kommentierte die Ansage seines Chefs schweigend, ich las aus seinen Gesichtszügen großes Bedauern. Das machte mir etwas Mut.

Mauthner erhob sich und ging, Brückner folgte. Es war das letzte Mal, dass ich Hans Mauthner sehen sollte.

Mein Chef und ich waren geschockt. Zum Glück gab es auf der Dachterrasse eine Bar. Wir tranken mehr als zulässig. Es war das zweite dienstliche Ertränken beruflicher Sorgen innerhalb weniger Wochen. Nach der Bonner Zabeltitz-Pleite Ende März war nun also in Berlin auch die Zugbrücke zur Reichsbahn mit Aplomb hochgezogen worden.

Warum? Der Anlass war nicht ersichtlich.

Im Nachhinein und mit den Erfahrungen nach der Gründung der DB AG muss ich sagen, dass Hans Mauthner nicht ganz Unrecht hatte. Es stellte sich nach 1994 bald heraus, dass große Teile der Leitung der Bundesbahn nicht für die Führung eines Unternehmens auf dem freien Markt gerüstet waren. Die Bundesbahn mit ihrem Behördendienstrecht war ebenso wie Teile der DR eine Wohlfühl- und Fürsorgeorganisation, in der sich viele der Führungskräfte gut eingerichtet hatten.

Es gab also ab sofort keine Kontakte mehr zu Jens Brückner, die Telefonleitungen waren wieder gekappt. Zwei, drei Wochen später, ich fuhr mit dem Auto nach Hause, hörte ich in den Nachrichten, dass der Erste Stellvertretende Generaldirektor der Deutschen Reichsbahn wegen des Verdachts der Bestechlichkeit festgenommen worden sei.

Die Zeitschrift *Die Zeit* berichtete, dass er über eine Goldene Kreditkarte, die er mit 600.000 DM hätte belasten können, gestolpert sei. Sie schrieb aber auch, dass die Kreditkarte in fünf Monaten nur mit lediglich dreitausend D-Mark belastet worden sei. Nach meiner Auffassung hatte Mauthner mit diesem für ihn schlechten Deal eine Reserve an Westgeld anlegen wollen, um der Reichsbahn bei einer Knappheit von Valuta »operativ« helfen zu können. Ich selbst empfand Hans Mauthner als einen rechtschaffenen Menschen und Machertyp. Hier war er jedoch zu weit gegangen.

Jens Brückner und ich telefonierten nach dieser Meldung wieder miteinander, als wäre nichts geschehen. Die Bereichsleiter der beiden Bahnen arbeiteten mit ihren Teams weiter am gemeinsamen Ziel: einer zukunftsfähigen deutschen Eisenbahn. Wir Bahner waren uns unverändert einig, Reichs- und Bundesbahn sollten nicht zu Konkurrenten werden. Wir wollten den integrierten Konzern und hielten ihn für die sinnvollste Alternative.

Nach der kurzen Eiszeit in den Beziehungen der beiden Bahnen nahmen wir die Kärrnerarbeit über die Angleichung der Regularien und für die Interessen beider Bahnen wieder auf. Auch erfolgte ein intensiver Austausch von Informationen mit einigen Mitgliedern der »Regierungskommission Bundesbahn«, die bereits vom früheren Bundesverkehrsminister Dr. Jürgen Warnke im Februar 1989 berufen worden war. Ihr Auftrag war vom

Bundesverkehrsministerium um die Aufgabe der Vereinigung zweier großer Eisenbahnen erweitert worden.

Leider waren unsere Treffen in Berlin unverändert schwer zu organisieren, da der Mangel an Besprechungsräumen und Hotelbetten unverändert anhielt. Wir wichen oft in die Verwaltungsstelle (VdeR) Westberlin aus. Der Blick aus dem dortigen Besprechungsraum ging hinüber zum Verkehrsmuseum Berlin. Nicht weit davon entfernt stand auf der anderen Kanalseite ein weiteres neoklassizistisches Gebäude der Eisenbahnen, das Haus der früheren Reichbahndirektion am Schöneberger Ufer. Es stand inzwischen fast leer.

Eine Bemerkung von Dr. Werner Wirth während einer Besprechung über mögliche freie Räumlichkeiten dort sollte mich sehr berühren.

6. Die Suche nach Büro- und Übernachtungsräumen und eine Begegnung mit meinem verstorbenen Großvater

Die Besprechungen und Diskussionen der »Gemeinsamen Gruppe« waren nicht immer spannend. Sehr tiefe und langanhaltende fachliche Diskussionen über Sinn und Notwendigkeit irgendwelcher Techniken und Regularien, geführt von höchst qualifizierten Ingenieuren und Kaufleuten, machten müde. Der sinnvolle Einsatz von Doppelstockwagen bei einer gesamtdeutschen Bahn beispielsweise war so ein unendlicher Langweiler.

In der DDR bildeten die Doppelstockwagen das Rückgrat des Personennahverkehrs, für die westlichen Vertreter waren sie ein rotes Tuch. Die Diskussion brachte keine Annäherung. – Die Fachleute der Reichsbahn behielten recht, wie die Geschichte zeigte. Was wäre der deutsche Regionalverkehr oder die IC-Flotte heute ohne Doppelstockwagen?

Auch Dr. Wirth war besprechungsmüde und ließ seine Blicke aus dem Fenster in den Frühling schweifen. Da Eisenbahner jedoch immer im Dienst sind, verweilte er wohl nicht nur mit den Augen in der Frühlingssonne

– ihm kam ein Gedanke, den er für uns alle völlig überraschend mitteilte. Dieser hatte zwar nichts mit dem behandelten Thema zu tun, wohl aber mit der Reichsbahn.

In der früheren Reichsbahndirektion gegenüber, so hob er an, stünden viele Räume leer. Wenn die Bundesbahn Geld hätte, könnten dort sofort Büro- und Übernachtungsmöglichkeiten geschaffen werden. Dies würde uns von dem Dilemma befreien, nach Übernachtungs- und Büroräumen in Berlin suchen zu müssen. Wir sollten uns das Gebäude gleich anschauen. Wenn wir einverstanden wären, würde er telefonieren.

Wir waren einverstanden und dankbar für die Abwechslung vom tristen Besprechungsalltag.

Nun kommt mein verstorbener Großvater ins Spiel. Er war der erste graduierte Bauingenieur nach einer langen Periode von Förstern in der Scherz-Familie. Mein Vater und ich folgten ihm. Mein Großvater Waldemar Wilhelm Moritz Scherz, verheiratet mit Adelheid, einer Töpfer-Tochter, nahm 1910 seinen Dienst bei der Königlich-Preußischen Eisenbahnverwaltung in Elberfeld (heute Wuppertal-Elberfeld) auf. Zuvor baute er Schifffahrtskanäle in der Region um Lünen in Westfalen, er war dort Bauüberwacher des Kanalbauamtes. Opa Waldemar erzählte mir, dass er den Wechsel trotz hoher finanzieller Einbußen vollzogen hätte, um in einem möglichen Krieg, den bereits viele erahnten, als »unabkömmlich« (u.k.) gestellt werden zu können. Die Eisenbahn sei wichtiger als der Kanalbau gewesen. Er war ein sehr kluger Mann.

Waldemar Scherz diente in allen nachfolgenden Eisenbahngesellschaften bis zur Deutschen Bundesbahn. Er wurde als technischer Oberinspektor pensioniert. Da er tatsächlich in beiden Weltkriegen für die Bahn »unabkömmlich« war, schützte ihn die Eisenbahn vor einem möglichen Heldentod.

Mein Vater Waldemar Wilhelm Helmut Scherz diente seit 1936 der Deutschen Reichsbahn und später der Bundesbahn in Passau, Regensburg, Wuppertal und zum Ende seiner Karriere in München. Er kam während des Krieges an die Ostfront – er wurde nicht u.k. gestellt. Seine Kompanie spurte Gleise von der russischen Breit- auf die Normalspur um. Damit kamen sie bis zum Ladogasee kurz vor Leningrad. Beim Rückzug zerstörten sie die komplette Infrastruktur der Bahn bis in Regionen des heutigen Polens. Eine sinnlose und grausame Tätigkeit war das. Barbarisch wie die Einsätze gegen Partisanen. Die Kriegserlebnisse verhärteten ihn sehr. Mein Großvater Waldemar wurde deshalb immer mehr zu meiner väterlichen Bezugsperson.

Mein anderer Opa mütterlicherseits, Otto Siethof, der Vater meiner Mutter, war holländischer Abstammung. Sein Vater war aus Enschede eingewandert und hatte in Wuppertal eine Firma als Maler und Anstreicher aufgebaut. Dessen Sohn, mein Opa, arbeitete in diesem mittlerweile recht großen Betrieb, den er einmal übernehmen sollte. Er wurde trotz seine Führungsverantwortung im elterlichen Betrieb nicht u.k. gestellt. Er fiel 1917 an der Marne. Seine Tochter Ilse Siethof, die später einmal meine Mutter werden sollte, hat er nur einmal während eines kurzen Urlaubs von der Front gesehen. »Gefallen für Kaiser und Vaterland« ließ man die Witwe wissen. Ihr wurden 15,90 Mark »Gnadenlöhnung« ausgezahlt, für die sie noch ein Gesuch schreiben musste.

Allein durch diese Familiengeschichte erkennt man sehr schnell, wie willkürlich »Leben und Sterben« in Kriegszeiten geregelt sein kann. Der Malerbetrieb meines Urgroßvaters hat nach dem Tod des Juniorchefs die Wirren der Nachkriegszeit nicht überlebt. Die Eisenbahn jedoch überlebte und war zwei Jahrzehnte später schon wieder das Rückgrat der Mobilität eines weiteren Weltkrieges. Sie beförderte Soldaten, Waffen und Munition sowie Menschen in Vernichtungslager. Die genaue Anzahl dieser unsäglich schlimmen Transporte blieb für immer unbekannt. Der Holocaust-Gedenktag 2022 in Israel stand unter dem Motto »Zugfahrten in den Untergang, die Deportation der Juden während des Holocaust«. Dr. Richard Lutz, der Vorstandsvorsitzende der DB AG, legte aus diesem Anlass in der Gedenkstätte Yad Vashem einen Kranz nieder. Er sagte der *Deutschen Presseagentur*: »Unsere Vorgängerorganisation war durch Deportationen wesentlich an der Ermordung von europäischen Juden, Sinti und Roma beteiligt. Millionen von Menschen wurden mit Zügen ins Verderben gebracht.«

Die Familie Scherz ist also eine typische Ruhrgebietsmischung. Der Großvater mütterlicherseits – ein Holländer, verheiratet mit der Tochter einer eingewanderten Frau aus dem deutsch-polnischen Grenzgebiet.

Desloch, den ---------

An die

stellvertr. Intendantur des VII. Armeekorps,

Münster i/W.

Lt. beiliegender Bescheinigung ersuche ich um Bewilligung der Gnadenlöhnung meines verstorbenen Mannes in Höhe von Mk. 15,90. Ich befinde mich zur Zeit in Desloch bei Meisenheim a. Glan, bei Familie Aug. Fries. und bitte höfl., mir den Betrag nach hier überweisen zu wollen.

Frau Marie Siethof
geb. Zimmermann

1 Bescheinigung!

Meine Großmutter Marie Siethof beantragte beim Generalkommando des VII. Armeekorps – es wurde 1919 aufgelöst – eine »Gnadenlöhnung« für den gefallenen Mann

Diese Johanna Marie Siethof erblindete früh.

Der Großvater väterlicherseits kam aus Kurhessen und mochte die Preußen nicht. Er fand in seiner Heimat Kurhessen jedoch keine Arbeit als Bauingenieur und zog darum doch ins damals preußische Westfalen.

1955 erblindete Großvater Waldemar, der Grüne Star schlug urplötzlich zu. Meine Geschwister und ich mussten ihn wie auch die unsere blinde Oma Siethof bei ihren Gängen begleiten. Ich machte dies sehr gern, weil man dabei auf interessante Menschen traf. Außerdem war es auch eine gute Ausrede, die Verpflichtungen gegenüber meinem Gymnasium ein wenig zu vernachlässigen. Das sah man dort nicht so gern, weshalb ich diese Schule ohne Abschluss verlassen musste. Ich war kurz hintereinander in der Quinta und in der Quarta sitzengeblieben und kehrte 1964 in meine frühere Volksschule zurück. So erlernte ich ab Mai 1965 den

Später rollten nicht nur »Räder für den Sieg«, sondern auch mit Millionen Menschen in die Vernichtungslager

Beruf eines Maurers, und anschließend arbeitete ich als Bauzeichner. Parallel dazu erwarb ich von 1966 bis 1969 an der Abendschule die Fachschulreife. Zwischen 1969 und 1972 studierte ich an der Fachhochschule Wuppertal Bau- und Verkehrswesen und wurde – wie schon mein Großvater und mein Vater – Bauingenieur, letztlich im gehobenen Dienst der Bundesbahn.

In jeder freien Minute war ich mit meinem blinden Großvater unterwegs, auch als Student, zumeist sprachen wir vom und über den Bau. Er erzählte mir vom Kanalbau vor 1910, ich ihm über die Vereisung von Baugruben beim aktuellen U-Bahnbau. Es waren wertvolle Gespräche. Er war stolz darauf, dass mir die Bundesbahn ein Stipendium bezahlte. Als Empfehlung gab er mir mit auf den Weg, ich solle bautechnischer Betriebsingenieur werden, dadurch würde ich im Bahnbetrieb »ein angesehener Mann« werden. 1982 hatte ich es geschafft: Ich wurde zweiter Betriebsingenieur im Bau- und Betriebsamt München 3.

Einmal offenbarte Opa mir die größte Enttäuschung seines Berufslebens: 1926 sei er vom Präsidenten der Direktion Elberfeld für die Verwendung im »Höheren Dienst« vorgeschlagen worden. Die endgültige Entscheidung traf jedoch der Präsident der Reichsbahndirektion Berlin. Dazu hatte sich Opa beim »Höchsten aller Eisenbahner« vorstellen müssen. Das Gespräch selbst sei sehr gut gewesen, die subalternen Bürokraten hätten ihn aber aussortiert, weil er eine Brille mit starken Gläsern trug, also schlecht sah. Dabei hätten viele andere ebenfalls eine Brille getragen, doch die seien keine Aufstiegsbeamten gewesen. Diese Ungerechtigkeit habe ihm viel Geld gekostet, das heißt, dass er im »Höheren Dienst« natürlich deutlich mehr verdient und somit eine bessere Pension bezogen hätte.

Großvater war schwarzblind, selbst den Strahl unserer stärksten Taschenlampe – wir testeten ihn als Kinder tatsächlich – nahm er nicht mehr wahr. Darum waren sein Tastsinn und sein Gehör exzellent. Wenn er nicht den weißen Blindenstock als Gehstock hätte benutzen müssen, wäre vielen seine Blindheit wohl nicht aufgefallen. Sein Gedächtnis war ebenfalls phänomenal. Er kannte zum Beispiel Anzahl und Form aller Stufen und Zwischentritte der Elberfelder Treppen auswendig. Und es gab viele und lange Treppen, Wuppertal ist eine Stadt der Treppen. Erreichten wir eine Treppe, hielt ich vor der ersten Stufe inne. Dann sagte ich »Ab« oder »Auf«

und er lief die Treppe hinab oder hinauf ohne einen Stolperer – und das mit einer erstaunlichen Geschwindigkeit. Ich musste nur darauf achten, dass ihm niemand vor die Füße lief.

Großvater kramte auch wundervolle Erinnerungen aus dem Langzeitgedächtnis hervor. Das, was er einst gesehen hatte, vermochte er bis ins kleinste Detail wiederzugeben. So auch das Büro des Präsidenten der Reichsbahndirektion Berlin. Er beschrieb mir den Parkettfußboden, den Schreibtisch, die gusseiserne Wendeltreppe, die nach oben führte. Auch die Abdeckhauben für die Öffnungen in der Decke des unter dem Präsidentenbüro liegenden Sitzungssaales erwähnte er. Durch diese Öffnungen konnte der Präsident unbemerkt alle Gespräche verfolgen. Der eine oder andere »Höchste aller Eisenbahner« solle, wie ich aus anderen Quellen erfuhr, auf diesem Wege sogar interveniert haben …

Die »Gemeinsame Gruppe« der Bundes- und Reichsbahn verließ also an einem lauen Frühlingstag 1990 den Gruppenraum in der Verwaltungsstelle am Halleschen Ufer, wechselte über den Kanal zum Schöneberger Ufer und ließ sich von Dr. Werner Wirth, durch das zu großen Teilen verwaiste Direktionsgebäude führen. Die untere Etage wurde für die Westberliner Bediensteten der S-Bahn als Betriebs-Poliklinik genutzt, die oberen Geschosse standen leer. Uns schlug sofort der scharfe Geruch von Desinfektionsmitteln entgegen. Ich erinnerte mich des Ausdrucks »Karbolmäuschen«, wie man

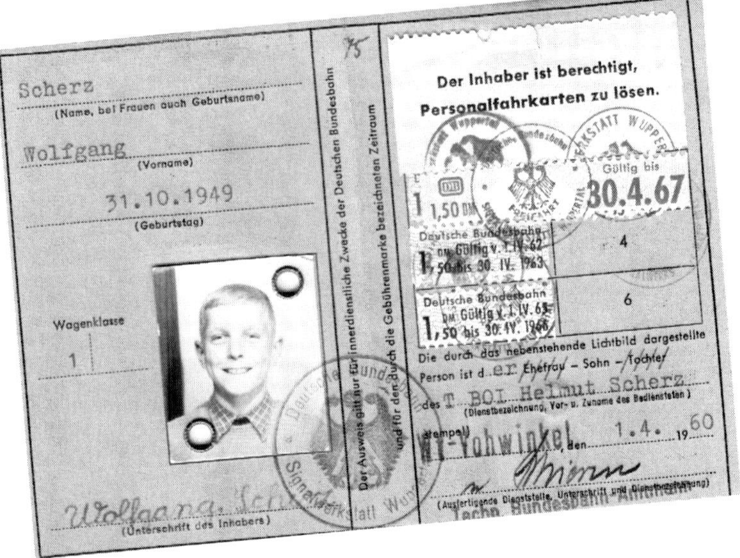

Scherz
(Name, bei Frauen auch Geburtsname)
Wolfgang
(Vorname)
31.10.1949
(Geburtstag)
Wagenklasse
1
(Unterschrift des Inhabers)

Der Ausweis gilt nur für innerdienstliche Zwecke der Deutschen Bundesbahn und für den durch die Gebührenmarke bezeichneten Zeitraum

Der Inhaber ist berechtigt, Personalfahrkarten zu lösen.
Gültig bis 30.4.67
4
6
Die durch das nebenstehende Lichtbild dargestellte Person ist d.er Ehefrau – Sohn – Tochter
des T BOI Helmut Scherz
(Dienstbezeichnung, Vor- u. Zuname des Bediensteten)
1.4.1960
(Ausfertigende Dienststelle, Unterschrift und Dienststempel)

Großvater war bei der Bahn, der Vater war es – und als Sohn war man ebenfalls privilegiert: Ausweis zum Lösen von Personalfahrkarten, ausgestellt am 1. April 1960

in meiner Kindheit Krankenschwestern nannte. Die reinigten Wunden mit Karbolsäure, die trotz Verdünnung entsetzlich roch. Das Zeug benutzte man seit dem 19. Jahrhundert, und aus dieser Zeit schien auch die Klinikausrüstung zu stammen. Seither war hier wohl auch keine neue Farbe an den Wänden aufgetragen worden. Das Röntgengerät hätte nicht einmal Urwaldarzt Albert Schweitzer in Lambarene geschenkt haben wollen, witzelte ich still für mich selbst.

Wir stiegen im repräsentativen Treppenhaus nach oben. Alle Obergeschosse dieses großen Gebäudes wurden nicht mehr genutzt, die Büros und sonstigen Räume standen leer. Die Decke des Erdgeschosses, also der Fußboden des ersten Obergeschosses über der Klinik war wärmetechnisch isoliert. Eine zentimeterdicke Abdeckung aus Dämmstoffen trug eine kaum minderdicke Staubschicht, da und dort lagen tote Vögel. Den Kult-Horrorfilm »Rosemaries Baby« aus dem Jahre 1968 hätte man hier ohne Neudekoration drehen können, ging es mir durch den Kopf.

Über wenige Stufen erreichten wir feudale Räume. Dr. Werner Wirth sagte: »Das Büro des Präsidenten.«

Ich war sprachlos. Großvater, du stehst hinter mir, dachte ich. Der Raum war exakt so, wie er ihn beschrieben hatte.

Nach dem 3. Oktober 1990 sollte dieser Raum unter Denkmalschutz gestellt und renoviert werden. Einige Jahre später, der Güterverkehr der Bahn hatte in dem Gebäude Büros angemietet, besuchte ich noch einmal diesen Raum, jetzt glänzte er wie neu. Durch die sehr ordentliche Renovierung war jedoch der Zauber des Frühjahrs 1990 leider verloren gegangen.

Die Empfehlung von Dr. Werner Wirth, Büro- und Übernachtungsräume in diesem Haus zu schaffen, wurde allerdings nicht verwirklicht. Die Umbauarbeiten hätten wohl zu lange gedauert. Unsere Suche ging also weiter. In der Nähe des Ostkreuzes – irgendwo im Nirgendwo – bot uns die Reichsbahn in einem Plattenbau Räume an. Für meinen Chef W. war ein riesiger Schreibtisch vorgesehen. Davor stand im rechten Winkel ein Besprechungstisch, an dem fast zwanzig Personen Platz fanden. Alle Büros von Leitern der Reichsbahn waren so eingerichtet: Schreibtisch für den Chef

– Katzentisch für die Unterstellten. Neben dem Schreibtisch stand die DDR-übliche gewaltige Telefonanlage mit sehr vielen Tasten. Wie viele Leitungen denn angeschlossen seien, fragte ich neugierig.

Eine, lautete die Antwort.

Wir suchten weiter, bis uns die überraschende Nachricht erreichte, dass die Reichsbahn große Teile der einstigen Stasi-Zentrale an der Frankfurter Allee übernommen habe. Meine Ansprechpartner zogen mit als Erste in ein Gebäude an der Ruschestraße ein. Hartmut Ritter musste in diesem Komplex die Raumbelegung für einige hundert Eisenbahnerinnen und Eisenbahner organisieren. Für mich als Vertreter der Bundesbahn wurde in der zehnten Etage des Hauses 15 ein Büro mit Besprechungsmöglichkeit eingerichtet. Bis dato waren hier abhörsichere Gesprächskäfige aufgestellt. Metallbehälter, in denen mehrere Personen nach Schließen der Schiebtüren abhörsicher miteinander kommunizieren konnten. In der neunten Etage unter mir habe bis vor Kurzem der Chef des Auslandsnachrichtendienstes, Generaloberst Werner Großmann, gearbeitet, hieß es. Dieses Büro in der neunten Etage war das größte Büro im Haus. Es wurde deshalb nach dem Einzug der Reichsbahn vom jeweiligen Generaldirektor genutzt.

Lästig war, dass alle Fenster auf den Straßenseiten mit weißer Farbe »blickdicht« gestrichen waren. Der Klassenfeind konnte nicht hineinschauen – wir aber auch nicht hinaus. Die Reichsbahn wechselte schnell alle Fenster aus. Der Drehstuhldirektor der Zentrale der Deutschen Reichsbahn – ein überaus freundlicher, höflicher und eloquenter Mensch – dachte tatsächlich zuerst an die Gäste aus dem Westen. Wir Westkollegen bekamen als Erste die neuen Fenster.

Drehstuhldirektor? Das war eine Bezeichnung aus dem Westen. Denn in der Hauptverwaltung der Bundesbahn war es üblich, dass einmal in dieses Haus berufene Mitarbeiter (und in geringer Zahl auch Mitarbeiterinnen) die Zentrale bis zu ihrer Pensionierung nie mehr verließen. Das hatte den Vorzug, dass sich alle kannten und die Abstimmung von wichtigen Dingen auf kürzestem Dienstweg erfolgen konnte. Der große Nachteil war, dass die in Ehren ergrauten Kollegen kaum noch einen praxisgerechten Bezug zur aktuellen Situation der Bundesbahn draußen besaßen, ihre Kenntnisse und Fähigkeiten waren teilweise recht antiquiert. Das und ihr Realitätsverlust waren fatal für das Unternehmen; also wurden vor wichtigen Entscheidungen jede Menge Pro-

Haus 15 in der Ruschestraße, Aufnahme 2022

jekt- oder Arbeitsgruppen eingerichtet, die aus Praktikern des Außendienstes bestanden. Wäre die DDR nicht untergegangen und die Wiedervereinigung gekommen, wäre mir wahrscheinlich auch so eine traurige Zukunft beschieden gewesen. Ich war 1986 in die Hauptverwaltung berufen worden, kam aus dem Außendienst mit aktuellem Wissen und praktischer Erfahrung. So war ich fast ohne vergleichbare Konkurrenz im Elfenbeinturm – ich hätte mich einrichten können. Wer einmal hier tätig wurde, wechselte nicht freiwillig auf einen Dienstposten in dem niedrig dotierten Außendienst zurück. Auch wurden viele Kollegen und wenige Kolleginnen bis an die Grenze des Machbaren befördert.

So wie diese Behörde funktionierten damals auch die mir bekannten Bundes- und Landesbehörden einschließlich der Ministerien. Es fand kaum ein ständiger Wechsel zwischen dem Außendienst vor Ort und dem Dienst in den obereren und obersten Landes- oder Bundesbehörden statt. Dieser aber wäre zwingend nötig gewesen zur Aufrechterhaltung des aktuellen Fachwissens zum Beispiel über den kritischen Zustand der Verkehrswegeinfrastruktur.

In der Hauptverwaltung der Bundesbahn konnte ein Mitarbeiter als »oberster Hausmeister« bis zu den Besoldungsgruppen A 15/16 »Direktor/leitender Direktor« aufsteigen. Er hatte lediglich die Büros einzurichten und die zentralen Dienste zu leiten. Dieser Kollege wurde von uns scherzhaft als »Drehstuhldirektor« bezeichnet.

Sein Kollege bei der Reichsbahn war aus ähnlichem Holz geschnitzt. Aber mit seiner Qualifikation hätte er in jeder Liga, auch in der Champions League, spielen können. Er wusste Bescheid über die Immobilie an der Normannenstraße, vermutlich hatte er das Paket mit geschnürt. Er war betriebswirtschaftlich bestens bewandert und ein Genie in der Organisation großer Projekte. Seine Allgemeinbildung war herausragend. Mit ihm zu sprechen bereitete immer Freude. Probleme gab es für ihn nicht – er war der perfekte Dienstleister. Die Funktion des »Drehstuhldirektors« unterforderte ihn sichtlich. Ich weiß nicht, was er zu DDR-Zeiten gemacht hatte, aber dort war er gewiss auf einer anderen Ebene tätig gewesen, die auch seiner Qualifikation entsprach.

Trotz dieses Widerspruchs hielt er sich auffallend zurück, er war uneitel und alles andere als das, was man bei uns mit karrieresüchtig bezeichnete. Sein persönlicher und fachlich sicherer Auftritt sowie seine Eloquenz erinnerten mich an einen jüngeren Doppelgänger von Alexander Schalck-Golodkowski.

Ab Mai 1990 war ich oft tagelang Gast in diesem Haus und hatte einige Jahre lang im Haus 15 an der Ruschestraße eigene Büros. Ich würde lügen, behauptete ich, dass ich ungern dort gearbeitet habe. Ich war, da ich der erste Westimport in diesem Hause war, in den Führungsetagen wie bei den Hausbediensteten und den Pförtnern bekannt. Wie verstanden uns gut, alle Wünsche wurden mir von den Augen abgelesen. Das Arbeiten war – bürotechnisch gesehen – deshalb für mich immer leicht.

Mit dem Inkrafttreten des Vertrages über die Währungs-, Wirtschafts- und Sozialunion am 1. Juli 1990 wurden nahezu alle Regularien der Bundesrepublik Deutschland auch in der Deutschen Demokratischen Republik gültig oder fanden sinngemäße Anwendung. Sie wurden den Bürgerinnen und Bürgern der DDR gleichsam über Nacht verordnet, man konnte auch sagen: übergestülpt. Vergleichbares hatte es in der Geschichte noch nie gegeben. Wohl jenem, der Bekannte oder Verwandte im Westen hatte, die ihm Fragen beantworten und Zusammenhänge erklären konnten. Auch für die Führungskräfte der Deutschen Reichsbahn stellte der Vorgang eine immense Herausforderung dar. Es war zum Beispiel von heute auf morgen ein ihnen völlig neues und unbekanntes Arbeits- und Personalvertretungsrecht anzuwenden. Unter den Kolleginnen und Kollegen herrschte zum Glück mehrheitlich eine positive Aufbruchstimmung, die Herausforderung wurde mit sportlichem Ehrgeiz angenommen. Hilfe in der Umsetzung der Regularien im Tagesgeschäft wurde bereitwillig angenommen.

Arbeit gab es für mich genug, ich hatte kaum mehr Zeit für meine Verpflichtungen in Frankfurt. Ich schlug deshalb meinem Chef vor, meinen früheren direkten Chef in der Hauptverwaltung, den pensionierten Ministerialrat Dieter Sodemann, dauerhaft nach Berlin zu schicken. Er sollte vor Ort den Reichsbahn-Kollegen mit Rat und Tat zur Seite zu stehen. Er sagte – zum Glück aller Beteiligten in Berlin und Frankfurt – schnell zu. Von Dienstag bis Donnerstag stand er den DDR-Eisenbahnern jede Woche zur Verfügung. Sodemann war die ideale Besetzung und war alsbald ein gern gese-

Deutsche
Reichsbahn

Diplom-Ingenieur Wolfgang Scherz
Assistent des Vorsitzers des Vorstandes

Zentrale der DR
Ruschestraße 59
O - 1130 Berlin
Telefon: ~~23 72 23 09~~
~~49 - 2 41 32~~
030/2316030

privat: Ulmenweg 5
W 6380 Bad Homburg
(06172) 4 51 01

Visitenkarte des »Assistenten des Vorsitzers des Vorstandes« mit der Adresse in Lichtenberg: Ruschestraße 59

hener Helfer vor allem für den Leiter der Organisation der Reichsbahn und für die Büros der dortigen Vorstände.

Obgleich er nur ein reichliches Jahr dort tätig war, herrschte große Betroffenheit, als er 2019 verstarb. Die Kollegen in Ostberlin schätzten ihn außerordentlich, seine unaufdringliche, aber nützliche Hilfe hatte ihn nachhaltig in Erinnerungen bleiben lassen. Er war kein Besserwessi, wie man sagte.

7. Neuer Vorstandsvorsitzender

Der Eingang in die einstige Zentrale der Staatssicherheit war auch noch im Mai 1990, nachdem die Reichsbahn begonnen hatte, Quartier zu beziehen, etwas Besonderes. Die Haus- und Hofwächter blickten unfreundlich und herablassend auf jene, die hier passierten und dazu unaufgefordert ihre Ausweise vorwiesen. Vermutlich hatten die Aufpasser nur ihre Uniform gewechselt. Ich ignorierte sie: Ich war ein Gast aus Westdeutschland und Mitarbeiter der Bundesbahn. Ich ging einfach an den Tordiensten vorbei. Diesem Beispiel folgten immer mehr hier Tätige. Nach einiger Zeit blieb die massive Schranke oben, und irgendwann waren auch die Bewacher verschwunden.

Sie wurden ersetzt durch einen zivilen Sicherheitsdienst, den die Reichsbahn inzwischen aufgebaut hatte. Aber auch da war nicht auszuschließen … »Stasi in die Produktion« hatte es ja geheißen. Die Leute mussten irgendwo bleiben und Geld verdienen. Auch kannten sie das Areal perfekt; das war besonders wichtig, da die »Burg« autark war. Der für die Stromversorgung Verantwortliche, ein früherer Major, teilte mit, dass das Areal mit fünf oder sechs Stromversorgungsmöglichkeiten unabhängig voneinander abgesichert war.

Die Zugänge der einzelnen Häuser erreichte man nur über den Innenhof. Nach zwei Jahren, also 1991, entschied der Vorstand der Reichsbahn, die Wand zur Ruschestraße zu durchbrechen und einen neuen offenen und lichtdurchfluteten Haupteingang anzulegen. Auf das Dach pflanzte man mit Hilfe eines Hubschraubers das grüne Logo der Deutschen Reichsbahn. 1994 ersetzte man es durch das neue rote DB-Signet.

Die MfS-Zentrale war eine Stadt in der Stadt. Es gab in dem Objekt alles: ein Restaurant, eine große Betriebskantine, ein Ärztezentrum, Einkaufseinrichtungen bis hin zum Friseur. Im Konferenzteil zeigte mir die Hausverwaltung einen Raum, in dem kleinere Herzoperationen jederzeit hätten durchgeführt werden können. Für mich war das alles unglaublich. Es fehlte im Mai 1990 nur eine Bank. Die kam auch bald, nachdem die Reichsbahn die Immobilie übernommen hatte: Die Eisenbahnerbank errichtete eine Filiale direkt auf dem täglichen »Pilgerpfad« zu den sozialen Einrichtungen. Ich muss sagen: Wir alle gewöhnten uns rasch an die kurzen Wege zu den Dienstleistungseinrichtungen.

Das Angebot der Kantine war üppig, einen Diätplan kannte man kaum. Der wesentliche Unterschied jedoch zu den Kantinen, die ich bis dahin kennengelernt hatte, bestand in der Rückgabe des benutzten Geschirrs; die Tabletts mit Tellern und Besteck wurden im Bereich der Bundesbahn einfach, auch wenn sie nicht vollständig geleert waren, in irgendwelche Geschirrwagen geschoben oder auf Transportbändern abgestellt. Die Spülküchen waren immer unsichtbar. In der Betriebskantine der »Burg« gab es ein Förderband, auf das man das schmutzige Geschirr selbst abstellte – nachdem man die Essensreste eigenhändig in eine Biotonne entsorgt hatte. Das war insbesondere für westdeutsche Nasen gewöhnungsbedürftig, denn es roch und bot den Augen keinen schönen Anblick. Andererseits schien es vernünftig. Die Bestecke warf man in einen mit Spüllauge gefüllten Plastikeimer. Die Spülküche sparte dadurch vielleicht Personal. Die Essenreste holte wahrscheinlich täglich irgendein Bauer ab und verfütterte sie an seine Schweine. In Westdeutschland kannte ich das Abholen der Futterreste aus meiner Kindheit. Der »Schweinebauer« kam pro Woche einmal vorbei. Irgendwann wurde diese Verwertung wohl verboten, oder sie wurde unwirtschaftlich. Ich weiß es nicht.

Der Besuch der Kantine zur Mittagszeit vermittelte eine Ahnung, wie viele Menschen einst hier beschäftigt gewesen sein mussten. Denn die über viertausend Eisenbahnerinnen und Eisenbahner und weitere Dritte wurden problemlos und rasch bedient. Große Wartezeiten habe ich nie erlebt.

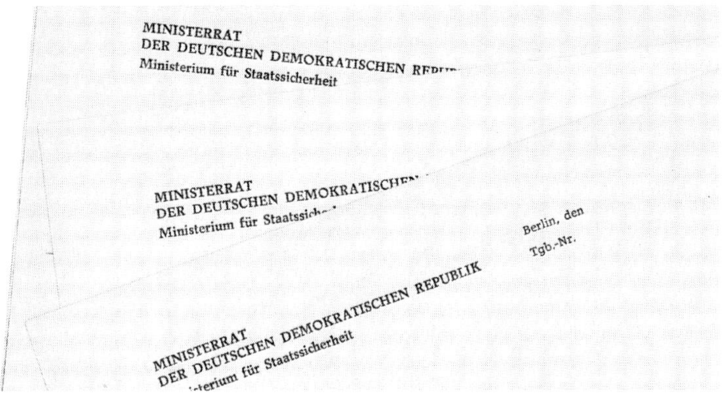

Hinterlassenschaft des Vormieters

Es gab ausreichend Chefbüros mit Vorzimmern. Die Türen waren zumeist geräuschdichte Doppeltüren, mit Leder oder Stoff bezogen, manche waren sogar wattiert. Oft waren Chefbüro und Vorzimmer mit Holz, mindestens aber mit Holzfurnier verkleidet, es gab sogar Einbauschränke. Die Räumlichkeiten der übrigen Ministeriumsmitarbeiter waren deutlich schlichter und nicht so repräsentativ gehalten. Auf den Fluren und Gängen lag der gleiche Fußbodenbelag, den ich aus den Neubausiedlungen in Ostberlin kannte. Auch die Tapeten unterschieden sich kaum. Schon bald ließen die Verantwortlichen der Reichsbahn die Treppenhäuser von Malern weiß streichen. Die Linoleumbeläge wurden durch hellgraue Teppichböden ersetzt. Später wurden auch die Fenster ausgewechselt. Der Charme der DDR verschwand zunehmend.

Die zweite Hälfte des Jahres 1990 verlief für unsere »Gemeinsame Gruppe« recht unspektakulär – trotz staatlicher Vereinigung und anderer politischer Veränderungen. Ohne die Neubesetzung der Funktion des »Ersten Präsidenten und Vorsitzer des Vorstandes der Deutschen Bundesbahn« ging es nicht wirklich weiter. Wichtig in jener Zeit war jedoch eine stille Zusammenarbeit mit Vertretern der »Regierungskommission Bundesbahn«. Die Bundesregierung hatte den vorhandenen Auftrag um eine »Perspektive für beide Staatsbahnen« erweitert. Unser Zabeltitz-Papier vom März 1990 wurde dort aufmerksam studiert. Vor allem die Empfehlung der Kommission an die Bundesregierung, beide Bahnen in einer Aktiengesellschaft zusammenzuführen,

Das herausragende Ereignis in jener Zeit war für mich ein Sonderauftrag von Heinz Dürr. Ich saß zwei Tage lang in einem Besprechungsraum der Hauptverwaltung der Bundesbahn in Frankfurt mit den beiden Deutschlandchefs einer der weltweit führenden Beratungsgesellschaften zusammen. McKinsey sollte eine Grundstruktur der künftigen Deutsche Bahn AG entwickeln. Dazu lieferte ich alle notwendigen Zahlen und Informationen über Geschäfte, Personal und Anlagen beider Bahnen. Sie fertigten in zwei Tagen den ersten Entwurf des Organigramms mit den wesentlichen Geschäftsbereichen und Gesellschaften der Aktiengesellschaft. Es war ein zweiseitiges handgeschriebenes und gezeichnetes Dokument, welches die heute noch geltende Konzerngrundordnung der DB AG fast vollständig darstellte.

Heinz Dürr (2.v.r.) informierte sich vor Ort. Dritter von rechts: Hans-Jürgen Lücking, Präsident der Dresdner Reichsbahndirektion. Der 1,90 m-Mann daneben: der Autor

Ich machte mir eine Kopie. Heute noch bin ich begeistert, wenn ich an diese Tage denke. Es war eine der effektivsten Leistungen, die ich jemals erlebt habe.

Die Zusammenführung des Knowhows der Beratungsgesellschaft mit dem Wissen beider Bahnen brachte in kürzester Zeit vollständige Klarheit für eine definierte Zielorganisation: eine Holding, Tochtergesellschaften für den Personennah- und Fernverkehr, den Güterverkehr, die Infrastruktur sowie weitere Gesellschaften, etwa für eine professionelle Immobilienverwertung. Wir selbst hätten bei Akzeptanz dieses Vorschlages nur noch den Transformationsprozess zu erarbeiten. 1991 war das politische Umfeld jedoch noch nicht so weit, erst 1993 erfolgte der Transformationsprozess parallel zu den Gesetzgebungsverfahren in Bundestag und Bundesrat.

McKinsey lebte mit der Kritik, insbesondere in den neunziger Jahren, Prototyp jener Beraterfirmen zu sein, die vorrangig am *Shareholder Value* interessiert seien und den Marktwert von Unternehmen dadurch erhöhten, dass sie umfangreiche Umstrukturierungen vornahmen, die die Reduzierung des Personals zur Folge hatte. Zudem warf man McKinsey vor, dass die Gesellschaft stereotype Vorschläge machte, die die konkrete Unternehmenssituation ignorierte. Nach diesen intensiven zwei Tagen kann ich diese Vorwürfe nicht bestätigen.

Im September 1991 wurde Heinz Dürr für uns völlig überraschend auch zum Vorsitzer des Vorstandes der Deutschen Reichsbahn berufen. Hans Klemm, der seit Juni 1990 Generaldirektor der Deutschen Reichsbahn war, beendete im August kurzfristig seine Tätigkeit bei der Bahn und wechselte zu einer Signalbaufirma. Vorher hatte er, der gelernte Eisenbahner, gemeinsam mit Heinz Dürr mehrere gemeinsame Besuche vor Ort unternommen.

Ich erfuhr aus dem Frühstücksradio, dass Dürr nunmehr in Personalunion beide Bahnen führen würde. Vor Beginn meiner Arbeit traf ich auf dem Gang ins Kasino der Hauptverwaltung der Bundesbahn in Frankfurt den Leiter des Vorstandsbüros. Ich beglückwünschte Ulrich Solbach etwas sarkastisch zur Mehrarbeit und meinte, wenn sein Chef Dürr einen Assistenten für Berlin benötigte, stünde ich gern zur Verfügung – erstens hätte ich gerade Zeit, zweitens gäbe es hier im Hause keinen Zweiten, der den Betrieb und die Führungskräfte der Deutschen Reichsbahn so gut kenne wie ich.

Das war insofern mehr lustig als ernst gemeint, da ich erst zwei Wochen zuvor dem für die Bahnstrategie neu berufenen stellvertretenden Vorstandsmitglied als Mitarbeiter für Fragen der Organisation und für die Bildung der Bahn AG zugewiesen worden war.

Am Nachmittag rief mich die Sekretärin von Dürr am. »Scherzchen«, sagte sie, »der Chef will Sie sprechen. Kommen Sie mal bitte gleich rüber.«

Am nächsten Tag saß ich bereits als »Persönlicher Assistent des Vorsitzers des Vorstands der Deutschen Reichsbahn« im Zug nach Magdeburg. Ich begleitete Heinz Dürr zu seinem ersten Monatsgespräch mit dem Hauptpersonalrat der Reichsbahn.

Als meinen Nachfolger für die Tätigkeit beim Stellvertretenden Vorstandsmitglied schlug ich meinen

Reichsbahnfreund Hartmut Ritter vor. Ein Glücksgriff. Er sollte seinen Chef viele Jahre lang begleiten. Am 31. Dezember 2016, nach 44 Jahren bei der Bahn, ging er in Rente.

Gemäß Einigungsvertrag (Kapitel VI, Artikel 26, Absatz 3) waren der Vorsitzende des Vorstands der Deutschen Bundesbahn und der der Deutschen Reichsbahn mit der Koordinierung des Zusammengehens beider Bahnen beauftragt. Das war nun ab September 1991 nur noch eine Person: Heinz Dürr. Er konnte sich also selbst koordinieren, wie er 2010 in einem Interview (»Auf das gemeinsame Gleis gesetzt«) mit der Tageszeitung *Die Welt* sagte.

Er setzte sich drei Ziele: erstens die Zusammenführung von Bundes- und Reichsbahn zur Deutschen Bahn; zweitens diese Bahn auf einen modernen technischen Stand zu bringen, und drittens eine personelle Struktur zu entwickeln, die einem modernen Unternehmen der Dienstleistungsbranche angemessen sei.

Für mich begann mit dieser neuen Aufgabe als persönlicher Assistent eine der lehrreichsten und spannendsten Jahre meines Berufslebens.

8. Ein Monatsgespräch als Start und ein Telefonverzeichnis für die Zentrale

In Magdeburg stellte sich Heinz Dürr dem Hauptpersonalrat der Deutschen Reichsbahn (HPR) als neuer Vorsitzer des Vorstandes der DR vor. Die wenigen Hotels waren ausgebucht, ich kam in einem Jugendtouristhotel in einem Sechs-Bett-Zimmer unter, die Nacht für 150 DM – natürlich inklusive Frühstück, wie man mir sagte. Das Monatsgespräch selbst fand in der ehemaligen Bezirksparteischule am Stadtrand statt. Das Gremium, der Hauptpersonalrat der DR, war wohltuend klein, der Raum auch nicht groß. Die Tische waren zu einem Rechteck zusammengestellt. Neben Heinz Dürr saß der Vorsitzende des HPR, Benno Bryza, ich fand einen Platz zwischen zwei Personalvertretern an der Längsseite. Der Stuhl für mich wurde einfach zwischen die anderen gequetscht.

Bryza begrüßte uns als Neue in diesem Gremium und beschränkte sich auf wenige Worte: »Also, Herr Dürr, im Unterschied zu den anderen volkseigenen Betrieben der DDR wurde die Reichsbahn nicht abgewickelt, sondern existiert immer noch. Entlassungen hat es nicht gegeben, das ist gut so und soll bitte so bleiben.

Die Reichsbahner sind zu großen Leistungen bereit, zusammen werden wir einen Weg finden. Zu meckern gibt es nichts. Bitte sagen Sie uns nun, wie Sie sich die Zukunft der Bahn vorstellen. – Herr Dürr, Sie haben das Wort.«

Das war mal eine Ansage.

Ich hatte bis dahin viele Monatsgespräche mit Personalvertretern verschiedener Hierarchiestufen kennengelernt. Immer war die Stimmung – trotz großer Übereinstimmung in der Sache – von den berechtigt unterschiedlichen Interessen der Arbeitnehmer und denen der Leitung geprägt. Hier, in dieser besonderen Sitzung, war der Ton anders. Es kam unaufgefordert und unmittelbar das Angebot zur fairen Zusammenarbeit. Dieser Sachverhalt beruhte wohl nicht nur auf der positiven Ausstrahlung von Heinz Dürr, sondern bestimmt auch wegen der bisher zwischen dem Vorstand der Reichsbahn und den Arbeitnehmervertretern erreichten Bildung von gegenseitigem Vertrauen. In dieser schwierigen Zeit war das für alle Beteiligten sehr hilfreich.

Auch meinte ich Dankbarkeit herauszuhören, dass die Reichsbahn und ihre Tochterunternehmen nicht der Treuhand zugeordnet und damit zerschlagen und abgewickelt worden waren. Für ein gemeinsames Unternehmen und für die konstruktive Zusammenarbeit standen die Türen weit offen. Zwar hatten viele Reichsbahner das Unternehmen inzwischen verlassen, aber das auf eigenen Wunsch. Etliche waren zur Bundesbahn gewechselt und hatten dort die bestehenden Lücken gefüllt.

Jedem Reichsbahner war klar, dass aktuell viel zu wenig Arbeit für zu viele Eisenbahner vorhanden war. Das bereitete ihnen und ihren Familien Sorge. Umso dankbarer waren die Personalvertreter, dass Heinz Dürr keine blühenden Landschaften, wohl aber eine Perspektive für eine gemeinsame Bahn in einer (hoffentlich) florierenden europäischen Wirtschaft zeichnete.

Dürrs Ausführungen folgte ein sehr konstruktives und sachliches Gespräch, dass Lust auf die Zukunft der neuen Bahn machte.

Beinahe hätten wir unseren Zug nach Berlin nicht mehr erreicht. Allerdings half uns die Polizei: Mit Blaulicht bahnten sie uns einen Weg zum Bahnhof. Der Zug konnte pünktlich mit uns weiterfahren. Das Polizeiauto war »operativ« organisiert worden. Einer in der Runde kannte einen … Solcherart Kommunikation nach dem Prinzip »Hilfst du mir, helfe ich dir, wenn es mal nottut« funktionierte im Osten. Binnen weniger Wochen bekam ich auf diese Weise etwa alle Telefonnummern der Leitungen der Flughäfen in den sogenannten neuen Bundesländern. Dadurch wurde es mir möglich, dass wir – also mein Chef und ich – bei Verspätungen im Ablauf nach einem Telefonat mit dem Auto bis zur Gangway unseres Flugzeuges fahren konnten.

Diese Phase, im Osten etwas freier als in der alten Bundesrepublik leben und arbeiten zu können, war leider nur kurz. Es übernahmen immer mehr Menschen aus dem Westen Leitungsfunktionen im Osten. Diese kannten sich in der Handhabung der Gesetze und Regelungen aus dem Westen besser aus als ihre im Osten aufgewachsenen Kolleginnen und Kollegen und praktizierten das auch. Ich bedauerte das sehr – dieses »operative Miteinander« gab mir das Gefühl einer größeren Freiheit, als ich sie bis dahin erfahren hatte. Damit war leider bald Schluss.

Nach der Reorganisation von Vorstandsbüro und Zusammenarbeit zwischen den Reichs- und Bundesbahngremien besuchte Heinz Dürr systematisch Einrichtungen der Reichsbahn. Dies geschah unauffällig und nahezu ohne Protokoll, der »Führungszug der DR« blieb im Depot. Wir reisten immer nur zu zweit und trafen vor Ort lediglich den Präsidenten der jeweiligen Reichsbahndirektion. In den Besprechungen ging es ausschließlich um fachliche Dinge, der Umgangston war kollegial, höflich und freundlich. Jeder – ob Werkstattarbeiter, Rangierer oder Dienststellenleitung –, kam

Dürr ist seit September 1991 in Personalunion Chef der Deutschen Bundesbahn und der Deutschen Reichsbahn

zu Wort. Die Runden empfand ich immer als sehr konstruktiv. Und auch für die Leiter der Außendienststellen – Bahnhöfe, Meistereien, Werke oder Lehrwerkstätten – schien diese lockere Form der Begegnung und des Gedankenaustausches neu und ungewöhnlich. Das merkten wir. Zu Beginn der Besuche standen die Leiterinnen oder Leiter in Uniform noch stramm und machten die normierte Meldung, wie sie wohl auch beim Militär üblich war: »Keine besonderen Vorkommnisse …« Dann wurden der Stand der Erfüllung der Planvorgaben rapportiert.

Heinz Dürr aber interessierte sich weniger für das »Soll«, sondern mehr für das »Ist«, zumal die mittelfristige Planung ohnehin Makulatur war. Ich begriff hier einen der wesentlichen Grundsätze von Heinz Dürr: Einmal sehen ist besser als hundertmal hören. Diese Besuche trugen ebenfalls dazu bei, den Wandel der Unternehmenskultur zu beschleunigen und ihm eine gute Richtung zu geben. Das lebende Beispiel bewirkt letztlich mehr als eine noch so gut gestaltete Richtlinie über das »Ethisch gerechte Miteinander in einem Unternehmen«.

Leider waren die Besuche vor Ort doch nicht so entspannt und locker, wie es auf den ersten Blick schien. Natürlich wollten sich die Protokollchefs der Direktionen nicht blamieren, also machten sie Druck. Außerdem gab es spätestens seit der Ermordung von Treuhandchef Detlev Karsten Rohwedder am 1. April 1991 erhöhte Sicherheitsanforderungen. (Zwar bekannte sich die RAF zu diesem Anschlag, doch weder dieser noch weitere acht Morde der dritten RAF-Generation konnten aufgeklärt werden.) Darum standen uns immer zwei gepanzerte Limousinen zur Verfügung, die in kurzem Abstand zueinander versetzt fuhren.

Eine meiner späteren Kolleginnen im Bahnbau leitete den Bahnhof Hennigsdorf. Nach einem Besuch des *Lokomotivbau Elektrotechnische Werke Hennigsdorf* (LEW) fuhren wir auch zum Bahnhof. Dürr wollte die Probleme eines ganz normalen Bahnhofs kennenlernen. Als sie die Autos mit hoher Geschwindigkeit vorfahren sah und diese scharf bremsten und die Begleiter heraussprangen, sei ihr das Herz in die Hose gerutscht, erzählte sie mir später.

So locker, wie wir annahmen, wirkten die Auftritte unseres Chefs für die anderen wohl doch nicht.

Das Eis brach nach dem freundlichen Händeschütteln und ruhigen Gesprächen.

Seltsamerweise fühlten sich die Verantwortlichen der Reichsbahn immer noch an das Gebot gebunden, Telefonverzeichnisse nicht zum öffentlichen Gut zu machen. In meiner Funktion als persönlicher Assistent änderte ich das nun. Ich verlangte umgehend die Erstellung von Telefonbüchern für die Zentrale und die Direktionen. Innerhalb einer Woche mussten die Sekretärinnen der Hauptabteilung Organisation im Mehrschichtbetrieb das Verzeichnis der Zentrale erfassen und drucken. Die der Direktionen folgten kurz darauf. Darin waren auch alle Anschlüsse der Dienststellen des Außendienstes aufgeführt. Immerhin: Im Herbst 1991, zwei Jahre nach dem Mauerfall, gab es erstmals offizielle Verzeichnisse aller Dienststellen-Telefone der Deutschen Reichsbahn.

Mein Freund Dieter Wolff, damals für den Gleisbaubetrieb Magdeburg reichsbahnweit tätig, lachte über meine Erzählung. Er hätte immer Verzeichnisse zur Verfügung gehabt – ich nehme an: dank »operativer« Hilfe. Leider lernten wir uns erst 1999 kennen, er wäre 1990 eine riesige Hilfe gewesen.

Kein Druckwerk ohne Druckfehler. Ich fand den ersten, als ich das Buch aufschlug: Mein Arbeitsplatz war vergessen worden!

Ich war stinksauer und beschimpfte den verantwortlichen Hauptabteilungsleiter Organisation. Ich nannte das Verzeichnis »Scheiße«. Monika, die Sekretärin, brach in Tränen aus. Ich entschuldigte mich bei ihr und schäme mich noch heute wegen des Ausbruchs. Er war völlig unangemessen und überzogen. Es fehlte eine einzige Zeile. Na und?

Die Sache ist vergeben, aber nicht vergessen. Ich werde mindestens zwei Mal im Jahr daran erinnert. Wir früheren und die aktuellen Sachbearbeiter der Bereiche Organisation aus Bundesbahn-, Reichsbahn- und Bahn AG-Zeiten kommen in Berlin zusammen. Monika ist heute noch die gute Seele, sie organisiert diese Veteranentreffen, bei denen wie überall die Vergangenheit in freundlichen Farben auflebt. So auch mein Fauxpas vom Herbst 1991.

Jenen, die meinen, Telefonnummern bekäme man doch einfach aus dem firmeninternen Netz, sei gesagt,

Deutsche Reichsbahn

Berechtigungskarte für Nr.:931

Herrn Wolfgang Scherz
Dienstrang Vorname Name

VH DR Büro des Vorsitzers DB/DR
Tätigkeit Dienststelle

zur Mitfahrt im Führerstand von Triebfahrzeugen, (ausgenommen S-Bahn Berlin) auf den Strecken der DR/Rbd

für die ein gültiger Fahrausweis vorliegt.

Deutsche Reichsbahn
Zentrale
– Hauptverwaltung –
HA Maschinentechnik
Abt. Zugförderung
Triebfahrzeuge, Lokführer

Name, Dienstrang
Emmerich

Als Assistent des Vorsitzers DB/DR durfte ich 1991/92 auch in Führerständen von Triebfahrzeugen mitreisen

dass es damals kein Netz gab, welches man hätte nutzen können. Lediglich einzelne autonom arbeitende PCs standen in den Sekretariaten zur Verfügung. Es existierte in der Zentrale der Reichsbahn in der Ruschestraße nicht einmal ein funktionierendes Telefonsystem, eine Übersicht über die Verkabelung gab es auch nicht. Auch waren viele Telefonverbindungen beim »Sturm auf die Stasizentrale« im Januar 1990 zerstört worden. Im Wissen um den Vormieter wurde vorsichtshalber die gesamte Anlage demontiert und zunächst durch eine mobile ersetzt. Danach erfolgte eine vollständige Neuverkabelung. Dabei seien angeblich mehrere vermeintliche »Abhörunterzentralen« gefunden worden, berichtete mir unser sympathischer Drehstuhldirektor.

Auf meine Frage an den Chef des Büros des Vorstandes der Reichsbahn, ob die Besprechungszimmer und das Büro von Heinz Dürr »entwanzt« worden seien, sagte er mir, eine Firma in Berlin sei bereits erfolgreich tätig geworden. Vorsichtshalber beauftragte ich trotzdem noch einmal über die Bundesbahn eine Firma aus Frankfurt am Main. Für diese Frankfurter Firma sollten die Tage in Berlin zu den besonderen Erlebnissen ihrer Firmengeschichte werden: Sie entfernten Dutzende von »Wanzen« im Büro des Bahnchefs sowie im gegenüberliegenden großen Beratungsraum. Hier war jedes Mikrofon aktiv geschaltet worden, wenn der dazugehörige Stuhl vom Tisch gezogen wurde. Offenkundig misstrauten die Vormieter dieses Hauses jeder und jedem.

Die Arbeit im Büro des Vorsitzer des Vorstandes stellte wirklich eine der lehrreichsten Zeiten in meinem Arbeitsleben dar. Ich beobachtete unmittelbar, wie ein Unternehmen in schwieriger Lage kurzfristig gesteuert und mittel- bis langfristig weiterentwickelt wurde. Als besonders nützlich – auch für mein weiteres Berufsleben – empfand ich das auf diesem Arbeitsplatz erworbene Wissen über die DDR und deren Geschichte.

Mit Heinz Dürr besuchte ich also in jedem Monat mehrere Dienststellen und die übergeordneten Direktionen. Wir sahen wissenschaftlich-technische und soziale Einrichtungen der Bahn. Probleme wurden neutral hinterfragt und abgearbeitet. Die Reichsbahner lernten einen kollegialen Vorstand kennen, der an Lösungsvorschlägen interessiert war. Der schnarrende Kommandoton begann zu schwinden, Argumente wurden wichtiger. Es begann sich ein Strukturwandel zu vollziehen, den viele Reichsbahner begrüßten, weil sie ihn seit Jahren erhofft hatten. Die Bahn konnte endlich selbst über ihre Angelegenheiten entscheiden, ohne dabei Interessen und Vorgaben anderer Institutionen berücksichtigen zu müssen. Die Verwaltung wurde deutlich effektiver, da nur noch die Fachleute entschieden und sich auf die Belange der Bahn konzentrieren konnten. Bis zum Sommer 1992 hatte ich das Gefühl, dass die Führungskräfte der Reichsbahn über ihre plötzlichen Freiheiten verwundert schienen. Sie waren sich nicht sicher, diese auch nutzen zu dürfen. Einige fürchteten allerdings auch die Verantwortung, allein und abschließend entscheiden, also ihren eigenen Kopf hinhalten zu müssen.

Sehr viele Führungskräfte der Reichsbahn sagten: »Ich würde vorschlagen wollen, dass …« Mit solchen wachsweichen Formulierungen hielt man sich immer ein Hintertürchen offen. Mit dem doppelten Konjunktiv spannte man sich eine Sprungmatte, die einen notfalls vor einem harten Absturz bewahrte. Das war ein Verhaltensmuster, was in allen hierarchisch organisierten Systemen bei Subalternen anzutreffen ist.

Der Leiter des für den gesamten Vorstand der Reichsbahn zuständigen Büros war mit Dürrs Vorgänger Hans Klemm in die Zentrale gekommen. Klemm und er stammten fachlich aus der Signaltechnik; der Büroleiter war auf diesem Gebiet bestens bewandert. Die Aufgaben des Leiters des Vorstandsbüros waren für ihn jedoch völlig ungewohnt und neu. Er war plötzlich verantwortlich für die Vorbereitung der Sitzungen des Verwaltungsrates und des Vorstandes, die Erstellung der Protokolle und die Nachbereitung der erledigten Punkte. Zu den umfangreichen Aufgaben gehörte auch eine Abstimmung mit den Ministerien.

Er stand vor einer sehr großen Herausforderung, die er annahm und, ich greife vor, auch bestens bewältigte. Erschwerend war allenfalls der Umstand, dass ab September 1991 alle Mitglieder des Vorstandes der Deutschen Reichsbahn aus dem Westen kamen. Damit zog nicht nur ein neuer Umgangston ein.

Da Heinz Dürr als Vorsitzender des Vorstandes nur einige Tage pro Woche in Ostberlin arbeitete, waren diese Begegnungen für den Büroleiter besonders wichtig. Vor Dienstbeginn ging er oft an diesen Tagen zum Frisör und kam nicht nur glattrasiert, das waren wir damals sowieso alle, aber auch mit einer leichten Blauspülung seiner sonst grauen Haaren ins Büro. Ich schmunzelte, auch wenn ich verstand, dass er den besten Eindruck machen wollte: nicht nur für sich, sondern auch für die Einrichtung, die er mit Anstand und Würde vertreten wollte.

Die Veränderungen nahmen rasch an Tempo zu. Die Bereiche Technik und Betrieb wurden in kürzester Zeit in einem »Bereich Fahrweg« zusammengefasst. Dem Vorstand Peter Münchschwander bereitete dies keine Probleme. In den Bahnhöfen wurden funktionale Hauptgruppen »Betrieb«, »Personenverkehr«, »Güterverkehr« und »Verwaltung« – analog zur Organisation der Zentrale – eingeführt. Die neu geschaffenen Sparten sollten im Laufe der Zeit ergebnisverantwortlich geführt werden. Auch wurden bereits vorab Reichsbahndirektionen zusammengelegt und große Werke oder große Dienststellen geschlossen.

Diese sinnvollen Maßnahmen waren bei der Bundesbahn bis dato zwar angedacht, aber nicht vollständig umsetzbar gewesen. Die Politik blockierte sinnvolle Verschlankungen – beispielsweise die Reduzierung der Anzahl der Direktionen oder großer Werke sowie von anderen großen Dienststellen.

Bei der Reichsbahn konnten die ersten Voraussetzungen für eine weitgehend ergebnisverantwortliche Organisation in nur wenigen Monaten geschaffen werden. Die Aufbauorganisation wurde massiv verschlankt. Im Wettlauf zu einem effektiven Unternehmen war die Reichsbahn viel schneller als die Bundesbahn. Wer in einem Staat gelebt hatte, in dem die Strukturen zusammengebrochen waren, ist bereit, außergewöhnliche Dinge zu tun. Das hatte uns der frühere Erste Stellvertreter des Generaldirektors, Hans Mauthner, vorausgesagt.

Die menschliche, sachorientierte und unkomplizierte Art einiger neuer Führungskräfte, die aus dem Westen zur Reichsbahn wechselten, darf man aber auch nicht unterschätzen. Sie halfen beim Wandel zu einer offenen und mutigen Unternehmenskultur.

Warum war die DDR dazu nicht selbst in der Lage gewesen? Das Potenzial war doch vorhanden!

9. Erfahrungen der besonderen Art und wie schnell ein Grat schmal werden kann

Die Reichsbahn war das Transportunternehmen der DDR, es war, so sagt man heute, somit systemrelevant. Warum aber ist die DDR nicht in der Lage gewesen, zumindest bei der Deutschen Reichsbahn einen Reformprozess einzuleiten? Diese Frage habe ich mir immer wieder gestellt, da ich auf allen Unternehmensebenen nur auf gut ausgebildete Kolleginnen und Kollegen traf, die zu positiven Veränderungen in ihrem Bereich entschlossen waren. Wille und Fähigkeiten waren ausreichend vorhanden.

Die enge Zusammenarbeit mit dem Vorstand der Deutschen Reichsbahn 1991 und 1992 gab mir die Möglichkeit, die DDR und deren Menschen besser zu verstehen. Ich begriff, welche Auswirkungen die Kultur eines Unternehmens auf dessen Erfolg insgesamt haben kann. Im Schlechten wie im Guten.

Die Eisenbahn bildete seit Anbeginn das Rückgrat des Personen- und Güterverkehrs in deutschen Ländern, egal ob sie nach Handelsrecht oder später als Behörden geführt wurden. Die Bahnen musste in Friedens- wie in Kriegszeiten verlässlich funktionieren, sie waren deshalb hierarchisch organisiert. Geleitet wurden die Bahnen von Generaldirektoren, Präsidenten, Amtsvorständen, Dienststellenvorstehern, gesteuert wurde mit Hilfe von Dienstvorschriften, Weisungen, Fahrbefehlen und Anordnungen. Nicht wie später über Richtlinien, Geschäftsordnungen und Zielvereinbarungen, die den Führungskräften große Handlungsmöglichkeiten lassen.

Die Kunden hatten sich an Güterabfertigungen oder Fahrkartenausgaben einzufinden. Zum Zug gelangte man durch Sperren nach Vorzeigen der Fahrkarte. Für die Nutzung eines Bahnsteiges, etwa beim Abholen einer hilfsbedürftigen Person, hatte man zumindest noch bis zum Ende der sechziger Jahre bei der Bundesbahn eine Bahnsteigkarte für zwanzig Pfennig, ein damals unverschämt hoher Preis für diese Leistung, zu lösen, um eine Sperre passieren zu können. Dort wurde die Karte gelocht und somit entwertet.

Dies hatte Vor- und Nachteile. Die Pünktlichkeit der Züge war hoch, man sagte: »Pünktlich wie die Eisenbahn!« Und der Beamtenapparat sorgte dafür, dass nicht gestreikt oder, wie in den frühen zwanziger Jahren, »revolutioniert« wurde.

Allerdings änderte sich das in den 1950er und 1960er Jahren in der Bundesrepublik gravierend. Eine »autogerechte Stadt« war damals das Maß aller Dinge. Mit dem PKW sollten die Bürger bequem in die Innenstädte zur Arbeit und zum Einkaufen fahren können. Autobahnen über Land und in den Metropolen waren en vogue, in den Innenstädten entstanden Parkhäuser.

Nahverkehr auf der Schiene? Das war gestern. Erst mit den Vorbereitungen zur Olympiade 1972 in München setzte ein Umdenken ein. U- und S-Bahnsysteme wurden in den Schwerpunktregionen der Bundesrepublik realisiert, der IC-Verkehr begann den Personenfernverkehr deutlich zu verbessern. Allerdings einige Jahre lang nur mit dem Angebot 1. Klasse.

Auch der Gütertransport wurde immer mehr von der Schiene auf die Straße verlagert. Die Infrastruktur der Verkehrswege konzentrierte sich hauptsächlich auf benzin- und dieselbetriebene Kraftfahrzeuge. Lediglich beim Massengutverkehr spielte die Bundesbahn eine Rolle. 1994, nach Gründung der DB AG, stellten wir jedoch erstaunt fest, dass es kaum Güterwagen gab, die mit Gabelstaplern befahrbar waren, wohl aber tausende Wagen für Zuckerrübentransporte, weit mehr, als man in Deutschland tatsächlich brauchte.

Mitte September 1991, nach dem Magdeburger Monatsgespräch, betraten Heinz Dürr und ich erstmals unsere Büros in der neunten Etage im Haus 15 in Berlin-Lichtenberg. Sein Büro war etwas größer als die der anderen Mitglieder des Vorstands, die sich in den Etagen zehn bis dreizehn befanden. Das Vorzimmer war schmal und nicht eben repräsentativ. – es fehlten dort die Meter, die man dem Arbeitszimmer des Chefs zugeschlagen hatte.

Die Sekretärin, Frau Bohry, reagierte bei unserer Vorstellung äußerst zurückhaltend und traute sich kaum zu sprechen. Sie zeigte uns die Büros. Neben dem

Sekretariat gab es eine kleine Küche mit Sitzgelegenheit, dahinter befand sich ein weiterer Raum, in dem die Büroleiterin des Vorsitzers des Vorstandes arbeitete. Hinter dem Büro von Heinz Dürr existierten ein kleiner Ruheraum und ein Bad.

Neben der Sekretärin und der Büroleiterin waren dem Bahnchef noch der Leiter des Vorstandsbüros, zwei Fahrer und mehrere zusätzliche Assistenten und Bearbeiter direkt unterstellt. Alles in allem etwa ein Dutzend Personen.

Nach der Begrüßung drängten sich die Mitarbeiter im kleinen Sekretariat und vor der Türe gleichsam zum Befehlsempfang. Dürr meinte, es reichten die Sekretärin, der Assistent und ein Kalender und bat Frau Bohry und mich in sein Zimmer. Die Büroleiterin des Vorstandsvorsitzenden schien geschockt, weil sie nicht dazugebeten wurde.

Dürr teilte uns die Modalitäten der Zusammenarbeit mit, wir besprachen sodann die nächsten Termine und deren Vorbereitung. Alles wurde von ihm mit Diktiergerät festgehalten. Das war nicht nur Frau Bohry, sondern auch mir neu. Das Abschreiben der Notiz vom Band erlernten wir sofort im Anschluss an unsere erste Routinebesprechung gemeinsam. Das entlockte meiner neuen Kollegin ein erstes Lächeln.

Diese erste Arbeitsstunde erklärte mir einiges. Wieso war die Sekretärin überrascht, als Heinz Dürr sie direkt angesprochen hatte? Bisher war sie gewohnt, dass ihr Chef nur über die Büroleiterin mit ihr verkehrte. Diese gab seine Weisungen an sie weiter, nahm die Antworten oder Zuarbeiten entgegen und reichte sie an den Chef. Die Büroleiterin war gleichsam der Flaschenhals, durch den alles lief. Das betraf die Getränke, die in den Kühlschrank des Chefs kamen, ebenso wie wichtige Angelegenheiten der Unternehmensführung. Wenn etwa der frühere Chef eine Tasse Kaffee trinken wollte, sagte er zur Büroleiterin: »Sag ihr mal, sie soll mir einen Kaffee machen.« Die Büroleiterin gab die Order weiter. Der Kaffee wurde von der Sekretärin gekocht, die Büroleiterin servierte. So verlangte es das höfische Protokoll. Damit machte Dürr Schluss, ohne von der früheren Praxis zu wissen.

Nach wenigen Tagen war jedem von uns klar, dass die personelle Ausstattung völlig überzogen war. Es wurden lediglich eine Sekretärin oder ein Sekretär, eine Assistentin oder ein Assistent und zwei Fahrer benötigt.

Der Umgang zwischen mir und den Reichsbahnkollegen wurde rasch immer offener. Meine Assistentenkollegen und ich diskutierten den Arbeitsanfall. Auf meine Frage: »Was habt ihr früher den ganzen Tag gemacht?«, antworteten sie ehrlich. Bis 9 Uhr seien im Wesentlichen alle Aufgaben erledigt gewesen. Danach wären sie – bis auf einen, der so etwas wie die Stallwache darstellte – außerhalb des Büros unterwegs gewesen. Man habe private Behördengänge unternommen und Besorgungen gemacht. Sie wussten, welche Güterzüge mit welcher Ladung aus den Seehäfen Richtung nach Berlin unterwegs waren, wann diese ausgeladen wurden und zu welchem Zeitpunkt beispielsweise Bananen im Laden eintrafen. Sie hatten also Dank Informationsvor-

Heinz Dürr im Interview mit einem Reporter des Hörfunks vom MDR; der Autor links außen

sprung die Nase vorn. Dienstreisen wurden ebenfalls effektiv genutzt. Autofahrten »in die Republik« dienten dem Austausch von regionalen Waren – aus Berlin nahm man zum Beispiel gern Nudossi, Erdnussflips oder Südfrüchte mit, die in Dresden gegen Radeberger oder Wernesgrüner Bier getauscht wurden.

Die Büroleiterin ging als Erste, sie wurde Sicherheitsbeauftragte der Reichsbahn und damit eine der wenigen Frauen in einer Führungsfunktion in der DR. Die maßgeblichen Personen waren gestandene, ältere Herren. Insgesamt arbeiteten bei der Reichsbahn viele Eisenbahnerinnen, sie waren für den Betriebsablauf unverzichtbar und so qualifiziert und engagiert wie ihre männlichen Kollegen. Nur auf den Führungsebenen waren sie so selten wie im Westen. Hatte die Gleichberechtigung etwa strukturelle Grenzen? Ich gebe zu, dass mich diese Tatsache enttäuschte. Im Bücherregal daheim stand »Gretchens rote Schwester. Frauen in der DDR«, ein Buch, das 1974 bei S. Fischer erschienen war. Meine frühere Frau hatte das Buch demonstrativ dort sichtbar hingestellt. Sie hatte mit ihrer Kirchengruppe die DDR bereist. In geselliger Runde wurde in unserem Freundeskreis von den Frauenrechten in der DDR geschwärmt. Die DDR sei ein Vorzeigestaat für die Gleichberechtigung, meinten viele Bekannte. Ich selbst konnte mir darüber kein Urteil bilden, weil ich bis März 1990 noch nie in die DDR gewesen war.

Allerdings beging ich den gleichen Denkfehler wie die meisten meiner westdeutschen Landsleute: Emanzipation und Gleichberechtigung zeigten sich nicht allein in der paritätischen Besetzung von Leitungsfunktionen, sondern im Alltag. Insofern hatte ich da illusionäre Vorstellungen. Es wirkten trotz formaler Gleichstellung tausende Jahre patriarchalen Denkens auch in den wenigen Jahren Realsozialismus: Der Mann war der Ernährer, die Frau Mutter und Gattin. Da waren sich West- und Ostdeutsche sehr ähnlich.

Auch gab es im Büro des Vorstandsvorsitzenden, wie ich feststellte, eine ähnliche sexuelle Belästigung am Arbeitsplatz wie auch im Westen.

Eine junge Sekretärin wurde regelmäßig von ihrem Chef und von einem Assistentenkollegen berührt; so nebenbei wurde ihr über das Gesäß gestrichen, es gab auch zweideutige Bemerkungen.

Ich deutete meinem Assistentenkollegen an, dass das Betätscheln der Sekretärin ihm seinen Job im Büro des

Vorstands kosten könnte. Das ginge einfach nicht. Er war geschockt. Sein Verhalten sei doch völlig normal, meinte er, der Dame gefalle das.

Ich fragte ihn, ob es ihm gefiele, wenn sein Vorgesetzter die Hand über sein Gesäß gleiten ließe und dabei anzügliche Bemerkungen machte.

Er verzichtete danach umgehend auf alle missverständlichen Körperkontakte, und augenscheinlich informierte er auch seine Kollegen, denn auch sie hielten danach sofort Distanz zu ihren Kolleginnen.

Ohne Wissen des Vorstands beantragten die Kolleginnen und Kollegen des Büros »Akteneinsicht«. Im November 1991 hatte der Bundestag das »Gesetz über die Unterlagen des Staatssicherheitsdienstes der ehemaligen Deutschen Demokratischen Republik« beschlossen, ab dem 2. Januar 1992 konnte jedermann und jedefrau einen Antrag bei der »Behörde des Bundesbeauftragten für die Unterlagen des Staatssicherheitsdienstes der ehemaligen Deutschen Demokratischen Republik« (BStU) stellen. Aus sprachökonomischen Gründen wurde alsbald die Einrichtung nach dem Behördenleiter benannt, der hieß Gauck.

Warum sie kollektiv den Antrag bei der Gauck-Behörde gestellt hatten – wozu sie im Übrigen nicht aufgefordert worden waren –, kann ich allenfalls vermuten. Ich vermute, die Kollegen hofften, auf diese Weise sich von einer unausgesprochenen Generalverdächtigung zu befreien.

Die Behördenauskunft kam nach Jahresfrist. Bis auf einen Fahrer des Generaldirektors blieben alle in ihren aktuellen Arbeitsverhältnissen in der Zentrale in Lohn und Brot. Dem Fahrer wurde – eine absolute Seltenheit bei der Reichsbahn – fristlos gekündigt. Er hatte minutiös über alles berichtet, was ihm in seiner Funktion exklusiv zu Ohren gekommen war und mitunter sogar mit eigenen Kommentaren versehen, etwa: »der gehört nach Bautzen«.

Im Vorstand der Deutschen Reichsbahn war es üblich, alle Personalfragen nur intern zu besprechen. Ich als Assistent und der Leiter des Vorstandsbüros erfuhren nur die Entscheidung selbst, nicht aber die Gründe, die zu dieser oder jener Entscheidung geführt hatten. Wir beide verließen beim Tagesordnungspunkt »Personelle Angelegenheiten« die Sitzung. So bekam ich auch – zu meinem Glück – selten Personalakten oder Berichte zur MfS-Mitarbeit zu lesen. Das war nur der Fall, wenn ich ausdrücklich zu besonderen Personalgesprächen hinzugebeten wurde.

Eines Morgens – Heinz Dürr, die Sekretärin und ich besprachen wie gewöhnlich die Post – lag auf dem Tisch eine Weisung des Bundesinnenministeriums zum Umgang mit Führungskräften aus dem Osten, die eine »besondere persönliche Nähe zum System der DDR« gehabt hatten. Nach dem Studium war uns klar: Wenn wir das buchstabengetreu umsetzten, wäre die Reichsbahn fast führungslos.

Man muss hierzu wissen: In Europa Eisenbahnen zu betreiben ist immer, aber vor allem im Güterverkehr, ein internationales Geschäft. Auch damals. Sechzig Prozent des Schienengüterverkehrs war bei der Bundesbahn international. Bei der Reichsbahn dürfte der Anteil ebenfalls hoch gewesen sein. Dazu nahmen die Führungskräfte aller europäischen Bahnen an Besprechungen, Konferenzen oder Abstimmungen teil – sowohl im im sozialistischen Osten als auch im kapitalistischen Westen. Nach diesen Beratungen wurden – auch bei der Reichsbahn zu DDR-Zeiten – inhaltliche Protokolle angefertigt: über die Fahrt, über besondere Vorkommnisse, über Probleme und Pannen. Ein normaler, keineswegs unüblicher Vorgang. Unüblich, aber typisch DDR: Für diese Berichte interessierte sich auch die Staatssicherheit, denn wirtschaftliche Belange fielen ebenso in ihr Ressort (Hauptabteilung XVIII) wie »Anwerbungsversuche« und »Angriffe« auf Bürger der DDR im NSW, dem »Nichtsozialistischen Wirtschaftsgebiet«, also im Westen.

Die Eisenbahner-Berichte gingen an die Leitung der Reichsbahn und die Durchschläge automatisch an das MfS, wo sie ausgewertet und abgeheftet worden waren. Auch waren Gespräche protokolliert worden. Und darum lagen diese Papiere also nun bei der BStU und galten als Verdacht für eine aktive MfS-Zuträgerschaft. Daraus auf eine aktive Tätigkeit für die Staatssicherheit zu schließen war falsch. Die inneren Mechanismen der DDR und das Zusammenspiel der verschiedenen Institutionen waren für uns Westdeutsche damals 1991/92 in keiner Weise durchschaubar.

Zudem: Las man die Berichte und speziell die Passagen, in denen über Kollegen und deren Auftreten geurteilt wurde, fanden sich höchst selten Bemerkungen, die man im weitesten Sinne als denunziatorisch hätte bezeichnen können. Solche Kommentare zu Kollegen zeugten überwiegend vom Anstand der Beteiligten, die wohl kaum Beziehungen zum MfS haben wollten noch unterhielten.

Heinz Dürr fragte mich, wie wir mit der Weisung des Ministeriums umgehen sollten. Ich antwortete verlegen, ich sei Beamter, danach verpflichtet, die Weisung meines Dienstherrn wie gefordert umzusetzen.

Er schwieg, schaute mir in die Augen und meinte nach einer Weile: »Waren wir beide dabei? Verstehen wir die Umstände? Haben wir das Recht, den Stab über diese Menschen zu brechen? Nein, das haben wir nicht!«

Und er fügte hinzu: »Wenn aber jemand, darauf angesprochen, bestreitet, jemals etwas mit der Staatssicherheit zu tun gehabt zu haben, obgleich bei der BStU Papiere von ihm einliegen, dann muss dies Konsequenzen haben.« Denn dann würde er seinen jetzigen Arbeitgeber belügen, und das sei mindestens illoyal. »In solchen Fällen sollten wir uns von ihm trennen oder ihm eine neue Tätigkeit zuweisen.«

Diese Regelung wurde danach umgesetzt.

Ich werde diese morgendliche Besprechung nicht vergessen. Heinz Dürr bewies mit dieser Entscheidung Zivilcourage, er interpretierte die Weisung des Bundesinnenministeriums vernünftig und ließ Gerechtigkeit walten, wo andere vielleicht buchstabengetreu und unnachsichtig mit Menschenschicksalen umgingen.

Bei einigen der nachfolgenden Gespräche mit Führungskräften der Reichsbahn war ich als Zeuge zugegen.

Das Gespräch mit einem der fähigsten Männer, ein fachlich herausragender Kollege, der bei seinen zahlreichen Mitarbeiterinnen und Mitarbeitern höchst angesehen war, wurde von Dürr gefragt: »Haben Sie mit dem MfS zusammengearbeitet?«

»Nein«, lautete die Antwort.

Heinz Dürr wiederholte im Laufe des Gesprächs mehrmals diese Frage, und immer lautete die Antwort: »Nein.« Das schmerzte, denn auf meinem Schoß lag die Kopie von Akten, die seinen Namen trugen.

Dürr gab mit einem Blick zu verstehen, dass ich die belastenden Papiere zeigen sollte. Wir spielten nun mit offenen Karten.

Der Kollege reagierte, als wenn er damit gerechnet hätte: »Na, da wissen Sie bereits alles – warum haben Sie mich da erst noch gefragt?«

Wir vermittelten ihn an ein Ingenieurbüro, wo er in kürzester Zeit zu dessen respektablem Geschäftsführer aufsteigen sollte.

Natürlich haben wir uns gefragt, warum dieser kluge Mann gelogen und alles bestritten hat. Glaubte er, dass es keine Unterlagen von ihm bei der BStU gab, dass seine Akten geschreddert worden waren? Dass man ihm nichts nachweisen konnte? Oder war die Furcht vor der »Enttarnung« so groß, überlagerte sie Logik und Verstand? Misstraute er uns?

Natürlich, die Zeitungen waren voll von Berichten über Menschen, auch prominenten, die man ohne Ansehen der Person an den Pranger stellte, nur weil bei der Gauck-Behörde eine Information mit ihrer Unterschrift gefunden worden war. Und selbst wenn sich später – was oft genug geschah – alles als Irrtum oder maßlose Übertreibung herausstellte und die Person rehabilitiert wurde, war ihre Biografie irreparabel beschädigt. Mancher, etwa der frühere Bundestagsabgeordnete Gerhard Riege, legte sogar Hand an sich. Obwohl die Gauck-Behörde seine lange zurückliegende Zusammenarbeit als IM mit dem MfS als »eher bedeutungslos« eingestuft hatte, distanzierte sich selbst sein Landesverband der PDS von ihm. Im Bundestag wurde er von anderen Fraktionen öffentlich angegriffen.

Nicht selten beglichen wohl auch einige offene Rechnungen, die sie aus der DDR herübergeschleppt hatten.

Ich bedauerte, dass der vorgenannte Kollege seinem neuen Chef Heinz Dürr nicht ausreichend Vertrauen entgegenbrachte, um ihm reinen Wein einzuschenken. Die daraus resultierende Lüge war der Grund für seine Trennung von der Reichsbahn. Wäre er bei der Wahrheit geblieben, davon war ich überzeugt, wäre er weiter bei der Reichsbahn ubeschäftigt worden.

Wie ich später hörte, hat ihm genau das seine Frau vorgehalten: »Mein Gott, warum hast du gelogen – Dürr hat dir doch eine goldene Brücke gebaut!«

Die Reichsbahn beauftragte eine Stabsabteilung, Verbindung zur Gauck-Behörde herzustellen und die Fakten zusammenzutragen. Diese Abteilung wurde von einer Frau geleitet. Sie gab sich sehr selbstsicher und stellte ihre einstige Rolle im kirchlichen Widerstand heraus. Sie selbst hatte das im Fernsehen in einem Interview mitgeteilt, worauf sie für die Entscheider aus verständige mit Spezialaufgaben tätig. In den Direktionen war es ähnlich, Spezialwissen zum Beispiel über die Beantragung finanzieller Mittel war notwendig; eigenes Eisenbahnerwissen war mehr als genug bei der Reichsbahn vorhanden. Ich erinnere mich an einen Bundesbahnkollegen, der seinen Dienst in einer Reichsbahndirektion mit einer überheblichen Vorstellung begann. Der Präsident der Direktion rief mich umgehend an und erbat meinen Rat. – Dieser Kollege brauchte seinen Koffer nicht auszupacken. Er kehrte noch am gleichen Tag auf seinen alten Arbeitsplatz im Westen zurück.

Als Assistent des Vorstandsvorsitzenden war ich sicherlich der bekannteste Westimport im Haus. Deshalb kamen manchmal Kollegen der Reichsbahn zu mir mit der Bitte, Hinterlassenschaften des MfS, die sie in ihren Büros durch Zufall entdeckt hatten, an die BStU weiterzuleiten. Sie wollten nicht, dass ihr Name dabei publik wurde. Meist handelte es ich um Mikrofiches, also kopierte Akten auf Filmmaterial. Die Unterlagen-

Die Doppelstockzüge der Deutschen Reichsbahn, in Görlitz gebaut, waren im Westen zunächst verpönt. Langsam jedoch begriff man deren Vorzüge

behörde bedankte sich bei mir jedes Mal im Namen des Bundesbeauftragten mit einem Standardschreiben, in dem mir mitgeteilt wurde, ich hätte mich um die Einheit Deutschlands verdient gemacht.

Im Ressort Personal machte man einen besonderen Fund. Beim Abrücken eines hohen Schrankes fiel ein Gewehr, das offenkundig vergessen worden war, auf den Kollegen Krahnert und verletzte ihn am Kopf.

Dieser Betriebsunfall offenbarte drei Dinge: Erstens war auf dem Schrank seit der »Wende« nie Staub gewischt worden. Zweitens gab es keinen Verbandskasten in der Nähe. Drittens hatten sich die früheren Büroinhaber aufs Äußerste vorbereitet und es dann doch sein lassen, bis zum Äußersten zu gehen. Die »friedliche Revolution« war friedlich geblieben.

In jeder Etage existierte an zentraler Stelle ein fensterloser Raum. Hartmut Ritter, der die Vergabe der Büros organisierte, meinte im Scherz, dass man dort die »Wessis« unterbringen sollte, schließlich sei das eine exponierte Lage, von der man die ganze Etage im Blick habe. Wie sich nach Augenschein schließen ließ, handelte es sich vermutlich um ehemalige Waffenkammern. Ritter machte daraus »Funktionsräume für die Bürokommunikation«. Dort wurden Kopierer, Faxgeräte, später auch die Etagendrucker installiert. So hatten die Planer der Stasizentrale beste Voraussetzungen für eine damals hochmoderne Bürolandschaft geschaffen. Kurze Wege zum Funktionsraum waren für alle Mitarbeiter gegeben.

Bei diesen Begehungen vor dem Einzug wurden auch Kisten mit Orden und Ehrenzeichen der DDR sowie die dazugehörenden Verpackungen und Blankourkunden gefunden. Es heißt, dass es in der DDR etwa zehntausend verschiedene Auszeichnungen gegeben haben soll, laut *Wikipedia* hätte jeder DDR-Bürger zehn Orden oder Ehrenzeichen erhalten können – wenn die DDR älter als 41 Jahre geworden wäre. Meine Kollegen waren zunächst versucht, alle »Schmuckstücke« zu behalten, trauten sich jedoch nicht. Sie behielten lediglich die Auszeichnungen für die Reichsbahn. Diese aber mit den passenden Verpackungen und den Blankourkunden. Bei entsprechenden Anlässen, etwa der Verabschiedung von Gästen der Bundesbahn, wurden diese als »Aktivisten der sozialistischen Arbeit«, wahlweise auch mit dem »Banner der Arbeit« geehrt, als »Verdienter Eisenbahner« oder mit der »Medaille für treue Dienste« ausgezeichnet. Als ich im Spätsommer 1992 aus der Vorstandsetage von Heinz Dürr verabschiedet wurde, überschütteten mich die Kollegen auch mit Ehrenzeichen.

Neben diesen eher heiteren Blick auf die DDR und ihre Hinterlassenschaft gab es natürlich auch ziemlich finstere Erinnerungen, die nicht zuletzt an diesem Ort in Berlin-Lichtenberg sicht- und spürbar wurden. Man muss wissen, dass die Ruschestraße neben den Plattenbauten der Stasi zur Frankfurter Alle hin geneigt ist. Die Ruschestraße führt von dieser Magistrale nach oben zur Normannenstraße. An der Frankfurter Allee war der Zugang auf der »Ebene 0«. Im Haus 15, dort wo jetzt der Haupteingang der Reichsbahnzentrale war, befanden sich der Ein- und Ausgang auf der »Ebene 2«. Das war die Ebene des früheren Haupteinganges über den

Innenhof der »Burg«. Im Fahrkorb des Paternosters war angezeigt »Ebene 2 Ausgang«.

»Ebenen 0« und »Ebene 1« waren hier der Keller. Es kam vor, dass die Pförtner des Hauses mir Menschen brachten, die mit dem Paternoster irrtümlich in den Keller weitergefahren waren und dadurch an schreckliche Zeiten erinnert wurden. Mir als neutralem Wessi trauten die Pförtner zu, diese Besucher zu beruhigen. Mich machten diese Gespräche traurig.

Wahrlich, die DDR war nicht das Paradies, als das manche das untergegangene Land nun zeichneten. Allerdings war die DDR auch nicht die Hölle, als welche sie mitunter von Opfern verteufelt wurde. In ihrem berechtigten Zorn griffen diese zu besonders schwarzer Farbe. Es war und ist für mich sehr schwierig, sowohl sachlich als auch gerecht über die Vergangenheit zu urteilen. Die Leserin oder der Leser möge mir darum manche Äußerung verzeihen.

In den ersten Wochen meiner Tätigkeit bei Heinz Dürr lernte ich auch die Leitung des Technikmuseums in Berlin kennen. Beim Rundgang standen wir vor einem Güterwagen der Deutschen Reichsbahn aus der Zeit des Nazi-Regimes. In diesen Wagen waren jeweils sechzig Menschen in die Vernichtung deportiert worden. Das kleine Fenster war mit Stacheldraht versperrt.

Ein Mahnmal.

»Wissen Sie, Herr Scherz, Eisenbahner haben damals mitgemacht und sich später hinter ihren Funktionen versteckt. Nicht eine konkrete Person hat die Signale für

URKUNDE

FÜR VORBILDLICHE
SOZIALISTISCHE ARBEIT
SOWIE FÜR
AKTIVE GESELLSCHAFTLICHE TATIGKEIT

WIRD

Kollegen
Wolfgang Scherz

DER EHRENTITEL

AKTIVIST
DER SOZIALISTISCHEN ARBEIT

VERLIEHEN

gez.
Marietta Wiesener
Büroleiterin HPR-DR

Berlin, 12. August 1992

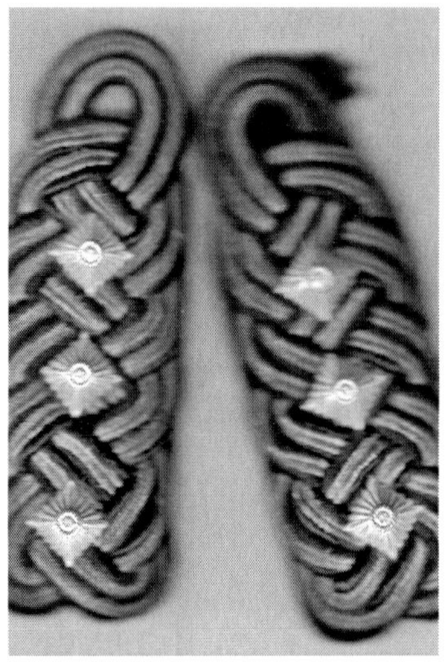

Als ich meine Tätigkeit in Berlin 1992 beendete, wurde ich vom Büro des Hauptpersonalrates als »Aktivist der sozialistischen Arbeit« geehrt. Betriebsleiter Krüger schenkte mir die Schulterstücken seiner Reichsbahneruniform. »Die habe ich mir ehrlich erarbeitet«, sagte er

die Sonderzüge gestellt, sondern der anonyme Stellwerksmeister, nicht Menschen aus Fleisch und Blut mit Namen und Gesicht haben die Lokomotive befeuert und gesteuert, sondern ein Heizer und ein Lokführer. Und alle – bis hin zum Generaldirektor – haben nur Befehle und Weisungen ausgeführt …«

Mit diesem Wissen entwickelte Heinz Dürr die Unternehmensphilosophie: »In unserem Unternehmen ist jede und jeder als konkrete Person und nicht als Funktion für dienstliches Handeln verantwortlich.«

Ich begriff jetzt, warum Dürr seine Notizen an mich nie an »VH« – die Bezeichnung meiner Funktion –

adressierte, sondern immer an »WS«, also Wolfgang Scherz. Auch bei allen anderen benutzte er deren Initialen, nie das offizielle Kürzel für die Funktion, die einer bekleidete. Dürr zeigte damit eindringlich, dass er mit Menschen, nicht mit Funktionsträgern zusammenarbeitete. Das war ein wesentliches Element seiner Unternehmenskultur. Im Umfeld von Heinz Dürr setzte sich das durch, hielt aber nicht lange. Wenige Jahre später kommunizierten meine Kollegen mehrheitlich wieder als Funktionsträger einer Organisationseinheit oder eines Projektes miteinander. Als mir beispielsweise einer meiner Mitarbeiter, ein Projektleiter, auf Nachfrage mitteilte, er sei nur der »NDXME«, weshalb er nicht seine Auffassung offiziell vortragen werde. Auf meine Nachfragen antwortete er, als nüchtern denkender Mensch müsste er die Ziele anders formulieren, aber das sei wohl nicht erwünscht. Ich war entsetzt: Opportunismus aus Karrieresucht pur!

Nach dem Museumsbesuch mit Dürr fiel mir die grauenvolle Geschichte ein, die mir mein Vater 1967/68 beim Ausräumen unseres Kellers anvertraut hatte. Die Dinge, die wir entsorgten, stimmten ihn offenkundig sentimental. Vielleicht aber bedrückte ihn das Erlebte schon lange und endlich fand sich ein Anlass, sich seinem jüngsten Sohn zu offenbaren. Er sei zu Beginn des Zweiten Weltkrieges mit seinem Bauzug – so hießen damals die Baueinheiten im Gleisbau – im bayerischen Wald nahe der tschechischen Grenze tätig gewesen, irgendwo bei Haidmühle. In einem nahegelegenen gekauft«. Im Rahmen der Familienzusammenführung kamen dann, wieder ein Jahr später, seine Frau und seine Kinder nach. Im Westen wurde er Fahrdienstleiter bei der DB, ebenfalls im Harz. Jetzt, nach der Wiedervereinigung, wollte er wieder in seinen Heimatbahnhof auf der Ostseite des Harzes zurück. Doch für dieses Ansinnen fand er keine Unterstützung in der DB.

Das Telefonat mit ihm und auch die weiteren erfolgten während seines Dienstes in einem mechanischen Stellwerk. Immer wieder musste er unterbrechen, um diese oder jene Handgriffe zu machen. Mir war das alles sehr vertraut, weil ich bei der Bundesbahn ebenfalls eine Fahrdienstleiterausbildung hatte machen müssen.

Nach Rücksprache mit Heinz Dürr ließen wir uns die Akten kommen. Alles, was der Kollege am Telefon mitgeteilt hatte, stimmte.

Laut Personalakten war der damals stellvertretende Dienststellenleiter des Bahnhofs verantwortlich für seine Kündigung und das daraus folgende Leid. Die Unterschrift kam mir irgendwie bekannt vor. Das Signum begann mit einem sehr großen Buchstaben und wurde dann immer kleiner – »als hätte die Schrift ein Wurm hingepinkelt«, hätte mein Deutschlehrer gesagt.

Ich sah die Unterschrift fast täglich im Büro von Heinz Dürr. Sie stammte von einem im Vorstandsbüro geschätzten Kollegen, der drei, vier Zimmer weiter auf dem Gang arbeitete.

Ich legte die Personalakten mit Hinweisen und einer Markierung an der Unterschrift abends auf den Schreibtisch meines Chefs. Am anderen Morgen waren die Bemerkungen und alle Hinweise verschwunden. – Der Kollege blieb unbehelligt.

Mit dem Fahrdienstleiter habe ich noch einige Male telefoniert, er blieb im Westharz.

Der Vorstand der Reichsbahn nahm diesen Vorfall jedoch zum Anlass, sich mit dem Thema »Freikauf von Häftlingen« zu beschäftigen. Das von mir berichtete Schicksal war nur eines von vielen bei der DR.

Solche und andere unangenehme Erfahrungen belasteten mich sehr. Ich wurde immer unsicherer. Wem konnte ich noch vertrauen, wem nicht?

An einem Nachmittag kam der Pressesprecher eines früheren Kombinates – heute noch wichtiger Teil einer großen Aktiengesellschaft – in mein Büro. Wir hatten uns bei der Vorbereitung gemeinsamer Veranstaltungen einige Wochen zuvor kennengelernt und dabei auch über allgemeine und aktuelle sowie vergangene politische Themen gesprochen. Er hatte meine vermeintliche Naivität und das oberflächlich Wissen vom Leben im real existierenden Sozialismus mitunter mit spöttischem Lächeln oder einem humorvollen Kommentar quittiert und mich das eine oder andere Mal desillusioniert. Anscheinend war auch ich der Meinungsmache im Westen durch die frühere DDR wohl hereingefallen. Viele positive Kommentare im Fernsehen oder die Berichte über die Weltfestspiele der Jugend, den modern gestalteten Alexanderplatz, das erfolgreiche Wohnungsbauprogramm und nicht zuletzt die hervorragenden Fachbücher der DDR-Verlage in meinem Studium für das Fach Mathematik ließen mich an den Friedensstaat DDR glauben. Ich vertrat bei Diskussionen im Westen die Auffassung, dass es sich auch in der DDR gut leben ließe. In hitzigen Gesprächen mit meinem Bruder, einem heute pensionierten Bundeswehroffizier, vertrat ich vehement die Überzeugung: besser rot als tot. Als ich dann ab 1990 die DDR in der Realität kennenlernen konnte, war ich ernüchtert. Ich entschuldigte mich bei meinem Bruder für meine damalige Argumentation. Auch meine Gespräche mit diesem Pressesprecher rückten vieles in ein anderes Licht. Mein Partner kannte sich im Getriebe der DDR gut aus und hatte in der aktuellen politischen Prominenz etliche Bekannte, so zum Beispiel den Ex-SPD-Vorsitzenden Ibrahim Böhme, der darauf spekuliert hatte, nach den Volkskammerwahlen am 18. März 1990 Ministerpräsident zu werden. Daraus war allerdings nichts geworden, Böhme war ein Hochstapler und Inoffizieller Mitarbeiter des MfS und äußerst unehrlich. Mein Partner konnte mir berichten, welchen Weg dieser Mann nun nahm.

Jetzt also kam der sonst immer freundlich lächelnde Pressesprecher in mein Büro, sichtlich blass und mitgenommen. Er setzte sich und bat mich, das Fenster zu schließen. Er käme direkt aus der Stasiunterlagenbehörde im Nebenhaus, sagte er, und er vertraue mir deshalb, weil ich der Einzige in seinem Umfeld sei, der nachweislich keine Beziehung zur DDR, weder offizielle noch inoffizielle, unterhalten habe. Anderen zu vertrauen, sei ihm im Augenblick unmöglich.

Ich schwieg, sah ihn nur an und hörte ihm zu: Er habe soeben aus den Akten erfahren, dass nicht nur IM auf ihn angesetzt worden waren, sondern dass auch seine Frau und seine beiden Kinder unabhängig voneinander über ihn berichtet hätten.

Er stand unter Schock. Alles, was für ihn bis eben wichtig war und sein Leben ausgemacht hatte, schien zerstört und ausgelöscht.

Unser Gespräch dauerte lange. Heute denke ich im Rückblick, dass ich das alles nur geträumt habe und es dieses Gespräch und seine Offenbarung so nicht gab. Er hat es überstanden, worüber ich froh bin. Manchmal besuche ich noch seine Internetseite, auf der er für die SPD wirbt, und ich freue mich, dass er dem Leben und seinem Heimatbezirk treu geblieben ist.

In der Zentrale der Reichsbahn war ich der erste der wenigen Westimporte. Die Reichsbahn war – entgegen den gängigen Vorstellungen – nicht von Beamten der Bundesbahn überrollt worden. Ich räume aber ein, dass auch viele Kollegen gekommen wären, die die von der Bundesregierung gewährten großzügigen Rahmenbedingungen für »Aufbauarbeiten im Osten« gern für sich in Anspruch genommen hätten. Die gegenseitigen Informationen und Diskussionen zur Zukunft der Bahnen fanden jedoch überwiegend in Projektarbeiten statt. Auch hatte der Vorstand der Reichsbahn ein waches Auge darauf, dass keine »Klugschwätzer« aus dem Westen für die Reichsbahn eingekauft wurden; die sogenannten »Besserwessis« tummelten sich woanders.

In der Hauptverwaltung der Reichsbahn arbeiteten deshalb nur einige tatsächlich anerkannte Fachleute der Bundesbahn, sie waren als Führungskräfte oder Sach-

Bahnhof habe ein Güterwagenzug drei Tage lang gestanden. Der Zug sei bewacht worden, drinnen wären Menschen gewesen, die anfangs noch laut nach Wasser gerufen hätten. Die Stimmen seien immer schwächer geworden, bis sie verstummten. Niemand vom Bauzug habe sich getraut, den Dürstenden Wasser zu reichen. Auch er als Chef nicht …

Meinen Vater hatte die Zeit unter den Nazis hart gemacht, er sprach nie über die erlebten Schrecken. Warum sprach er jetzt in unserem Keller darüber? Appellierte er an mich, immer Aufrichtigkeit zu leben und Zivilcourage zu zeigen? Ich weiß es nicht, er verstummte wieder.

Da ich dieses Schlüsselerlebnis in unserer Beziehung nicht vergessen kann, frage ich mich heute oft, wie ich mich in dieser Situation nahe Haidmühle verhalten hätte? Diese Frage hatte auch Heinz Dürr gestellt: Wir kennen nur das System der Bundesrepublik. Wie hätten wir uns in einem anderen System verhalten?

Zu meinem großen Glück wurde ich bis heute nicht vor eine derartige Entscheidungssituation gestellt! Ich kann deshalb nur dankbar sein.

Neben dem Vorbild des Bahnchefs, den Mensch zu sehen und nicht die Funktion, lernte ich noch zwei weitere wesentliche Grundsätze seiner Kultur der Zusammenarbeit mit Kollegen oder Dritten: erstens »keine Lügen«, zweitens: »Was ein Mitglied eines Vorstandes weiß, weiß auch jedes andere.«

Derartige Regeln hören sich banal an. Nur wenige Jahre später habe ich im Unternehmen Bahn oder bei der Straßenverkehrsverwaltung erfahren, wie schwer es für manche Kollegen war, in Anbetracht von Tantiemen oder von Karriereerwartungen bei der Wahrheit zu bleiben oder zumindest die Wahrheit zu suchen. Ich bin heute der festen Auffassung, dass die Verkehrswegeinfrastruktur in der Bundesrepublik nicht nur durch die Politik kaputtgespart wurde. Sie wurde zuerst von Führungskräften und Beamten der Verwaltungen trotz umfassender Alimentation kaputt verwaltet – durch vorauseilenden Gehorsam, mangelnde Zivilcourage und mangelnden Mut, die Wahrheit den gewählten Volksvertretern zu sagen.

Für das Büro hatten wir eine junge Kollegin und einen jungen Kollegen der Reichsbahn gefunden, die meine Arbeit für den Bahnchef übernehmen sollten. Mein Job war nach einem Jahr beendet. Ich nahm eine dreimonatige Auszeit und besuchte die Akademie für öffentliche Verwaltung in Bad Godesberg. Dadurch konnte ich das Aufstiegsverfahren in den »Höheren Dienst«, das ich wegen meiner Arbeit für den Bahnchef unterbrochen hatte, abschließen. Diesen Abschluss war ich auch meinem Großvater schuldig.

Zuvor hatte mich Heinz Dürr jedoch noch beauftragt, einen letzten Job als sein persönlicher Assistent zu übernehmen. Am ersten Septemberwochenende 1992 sollte eine Sonderfahrt mit dem Suhrkamp Verlag nach Güstrow erfolgen. Es ging dabei um den Schriftsteller Uwe Johnson (1934-1984), den ich bis in die siebziger Jahre hinein nicht einmal kannte. Sein Name fiel auf Wanderungen in Österreich, die ich mit einem amerikanischen Freund, einem deutschstämmigen Germanisten, damals unternahm. Er erzählte mir von Johnson, den er bei zwei Vorträgen an der Wayne State University in Detroit kennengelernt hatte. Als Juniorvertreter der Fakultät hatte er am Lunch mit Johnson teilnehmen dürfen. Ihn erinnerten die exakten Beschreibungen Johnsons über die Eisenbahn an meine Arbeit.

Ich begann Johnson zu lesen – beginnend mit »Mutmaßungen über Jakob«. Er schrieb darin tatsächlich sehr detailgetreu über die Bahn: «Jakob ging immer gerade über die Gleise.«

Johnson hatte ein bewegtes Leben gehabt: Er war in Güstrow geboren und dort zur Schule gegangen, hatte Germanistik in Rostock und Leipzig studiert. Schon als Schüler und Student hatte er sich mit der DDR-Obrigkeit angelegt. Da er nach seinem Studium in der DDR mittel- und arbeitslos war, folgte er 1959 seiner ausgereisten Mutter nach Westberlin. In jenem Jahr erschien auch bei Suhrkamp sein erstes Buch. Dr. Siegfried Unseld, der Chef des Suhrkamp Verlages und mit Johnson befreundet, hatte es herausgebracht. Über Rom als Stipendiat der Villa Massimo zog Johnson weiter nach New York City, wurde Mitglied des westdeutschen PEN und der Akademie der Künste in Westberlin. An seinem Hauptwerk »Jahrestage« arbeitete er bis zu seinem Tode. 1970 war der erste Teil erschienen. Seit 1974 lebte er auf einer Themse-Insel in Kent, wo er auch einsam starb. Man fand ihn erst drei Wochen nach seinem Tod. Uwe Johnson war ein Dichter beider Deutschlands, obwohl er in keinem bleibend leben wollte. Er hatte aber in seinen Schriften beide Staaten beschrieben. Für den Verlag und die die damals noch beiden deutschen Bahnen war dies eine gute Gelegenheit, Johnson zu ehren und Verlag und Eisenbahn positiv darzustellen.

Siegfried Unseld und Heinz Dürr waren gemeinsam auf die Idee gekommen, eine große Veranstaltung in Güstrow zu organisieren, wo Johnson 1952 sein Abitur gemacht hatte. Meine Aufgabe war, für eine erfolgreiche Präsentation beider Bahnen zu sorgen. Die Anreise für die geladenen Gäste sollte mit dem Zug erfolgen und am Vormittag am Bahnhof Zoo beginnen. Der Regierungszug der Reichsbahn war hierzu um zwei Speisewagen der Bundesbahn ergänzt worden. Reichs- und Bundesbahn präsentierten sich gemeinsam. Teilnehmer waren der Bahnchef, der Verlagschef, der Ministerpräsident von Mecklenburg-Vorpommern Berndt Seite (erst in Güstrow), sowie vor allem Freunde Johnsons, Schriftsteller, Literaturwissenschaftler und Journalisten. Auch ein Arzt der Deutschen Reichsbahn war dabei, falls es einem der Reisenden nicht gut gehen sollte. Es war also für alles gesorgt, die Stimmung war sehr positiv und aufgeräumt.

In Güstrow besuchte die Gruppe das Gymnasium Johnsons, das Gebäude, das als Vorlage für Johnsons »Gesine-Haus« in seinen Werken gedient hatte, sowie das Barlach-Atelier. Höhepunkt der Reise war eine Lesung im Theater von Güstrow, zu der auch die Bürgerinnen und Bürger seiner Heimatstadt eingeladen worden waren. Es lasen Christoph Hein, Jürgen Becker, Walter Kempowski und Siegfried Lenz.

Die Stele Uwe Johnsons – geschaffen von Wieland Förster – steht seit 2007 vor dem John-Brinckmann-Gymnasium in Güstrow, das Johnson von 1948 bis 1952 besuchte

Zwei Aussagen Johnsons habe ich erst während der Lesungen richtig verstanden. Zum einen die von Johnson bereits 1973 getroffene fast hellseherische Aussage: »Mecklenburg würde nach einer Vereinnahmung in den anderen deutschen Staat durch die gleichmacherische Kraft des Marktes entstellt« werden.

Zum anderen die sinnhaften Ausführungen in den »Mutmaßungen über Jakob«. Jakob war ein erfahrener Eisenbahner, trotzdem wurde er von einer Rangierlok erfasst und zerquetscht …

Ich begriff in dieser Veranstaltung auch, dass ich durch Zufall ein Zeuge einer ganz besonderen Zeit geworden war. Seit Januar 1990 hatte ich Einmaliges erleben dürfen.

Ich nahm mir noch während der Vorträge vor, das alles irgendwann niederzuschreiben.

10.
Vom Endspurt im Projekt und »Null Verspätungen im Fahrplan«

Ab Dezember 1992 erwarteten mich neue Herausforderungen. Es wurde inzwischen amtlich: Am 1. Januar 1994 sollten beide deutschen Staatsbahnen zu einer Bahnaktiengesellschaft nach Handelsrecht zusammengeführt werden. Die DB AG sollte übernehmen. Dazu musste eine tragfähige Organisation erarbeitet und realisiert werden. Alle Eisenbahner mussten bis zu diesem Termin eingewiesen und der neuen Gesellschaft DB AG oder verschiedenen Behörden zugeordnet werden. Die Systeme mussten funktionieren, unser Projekt-Fahrplan durfte keine Verspätungen aufweisen. Die Bundesregierung hatte den parlamentarischen Fahrplan zur Vergesellschaftung der beiden Behördenbahnen festgelegt.

Um deutlich zu machen, welche grundlegenden Änderungen durch den Übergang von der Behördenbahn in eine Unternehmensorganisation mindestens notwendig waren, ein kleiner Exkurs:

Der wesentliche Nachteil der damaligen Behördenorganisation, wie sie Bundes- und Reichsbahn darstellten, bestand darin, dass Aufgabe, Kompetenz und Ver-

antwortung einer Führungskraft nicht eindeutig zugeordnet werden waren. Der tatsächliche Erfolg einer verantwortlichen Führungskraft ((oder ihr Versagen) war kaum feststellbar. Dies lag einerseits an einem nur rudimentär vorhandenen Planungsprozess und – damit einhergehend – im Fehlen einer funktionierenden Kosten-/Leistungsrechnung. Andererseits lag es an den Querschnittsdiensten, die z. B. die Verantwortung für die Einhaltung der Budgets, die Personalauswahl und oder für die Personalbedarfsdeckung hatten und sich an dieser Verantwortung festklammerten.

Ein bezeichnendes Beispiel für eine nachteilig aufgestellte Behördenorganisation habe ich erst wieder im April 2020 durch einen Beitrag im *Hessischen Rundfunk* erfahren: Im Bereich der Stadt Frankfurt am Main seien einzelne städtische Schulen – vor allem Schulen in Brennpunktgebieten – in einem miserablen baulichen Zustand. Das für die Bildung verantwortliche Schuldezernat hätte wohl schon vor langer Zeit eine Priorisierung der Renovierungsmaßnahmen erstellt und die Beseitigung der Mängel gefordert. Die Entscheidungshoheit jedoch darüber, was im gesamten Stadtgebiet gebaut oder saniert werden sollte, lag in der Verantwortung des Baudezernates. So würden die erforderlichen Sanierungen bisher nur bruchstückhaft realisiert. Der Baudezernent wäre somit wohl der eigentliche Schuldezernent, lautete der zutreffende Kommentar der Reporterteams. Ein konkretes Budget für die Sanierung der Schulen müsste eigentlich von der Stadt in die Verantwortung des Schuldezernates übertragen werden. Das

Baudezernat dürfte lediglich als Dienstleister für die Planung und Realisierung der Maßnahmen aller anderen Dezernate, die Verantwortung für die Kostenkalkulation, für die Planung und für die termin- und kostengerechte Realisierung der bestellten Bauvorhaben tragen. Der Erfolg des Baudezernates würde in der Einhaltung der Planungs- und Bauzeiten und der veranschlagten Baukosten gemessen.

Die Festschreibung der Verantwortung hätte den Vorteil, dass Aufgabe, Kompetenz und Zuständigkeit eindeutig und die Erfolge nachweisbar wären. In der aktuellen Behördenorganisation konnten beide Dezernate jeweils auf den anderen verweisen: der ist verantwortlich.

Bei den beiden Behördenbahnen Reichs- und Bundesbahn war die Situation ähnlich. Zum Glück hatten die Bahnen jedoch sofort nach dem Antritt des Vorstandes unter der Leitung von Heinz Dürr mit Nachdruck die Arbeit ihrer Vorgänger fortgesetzt, die kaufmännischen Systeme einer Behörde auslaufen zu lassen und entsprechende Systeme mit einem dem Handelsrecht entsprechenden Rechnungswesen aufzubauen. Alle Mitarbeiterinnen und Mitarbeiter sowie die Führungskräfte wurden gemäß den Anforderungen persönlich geschult. Keiner konnte sich dieser Herausforderung entziehen. Es war ein Riesenprojekt, dessen Kosten erheblich, aber unglaublich sinnvoll waren.

Die mangelnde eindeutige Kosten-/Leistungsrechnung war auch einer der Gründe, warum die Deutsche Bundesbahn in den letzten Jahren ihres Bestehens noch

nicht einmal mehr ihre Personalkosten aus der eigenen Leistung heraus verdienen konnte.

Ein weiterer Grund für das miserable Betriebsergebnis der Bundesbahn war der direkte Einfluss der Politik über die Ministerien auf die Geschäfte der Bahn. Das damalige Bundesbahngesetz machte dies möglich. Es wurden Leistungen und Leistungsentgelte festgelegt, die unter den vorgesehenen finanziellen Rahmenbedingungen eindeutig nicht leistbar waren. Schon gar nicht, wenn die Mitarbeiterinnen und Mitarbeiter der Bahnen der Bundesrepublik nach den Regelungen des öffentlichen Dienstes bezahlt wurden. Das heißt, dass die Verantwortlichen der Bahnen keinerlei Einfluss auf die Personalkosten der ihnen anvertrauten Unternehmen hatten. Der Personalvorstand nahm noch nicht einmal an den Tarifverhandlungen teil, die wurden vom jeweiligen fachfremden Innenminister für die Arbeitgeberseite geführt.

Das öffentliche Dienstrecht bestimmte die Bezahlung der Mitarbeiterinnen und Mitarbeiter, sogenannte Personalbemessungsausschüsse ihre Anzahl. Der Innenminister führte die Tarifverhandlungen und nicht die Personalvorstände. Derartige Regelungen können für Unternehmen, die »wie eine AG« (so das Bundesbahngesetz) geführt werden sollten, nur desaströs enden.

Das damalige Bundesbahngesetz schrieb auch eine Mitwirkung der Politik bis hin zu Kabinettsbeschlüssen zur Durchführung wesentlicher Organisationsmaßnahmen vor. Aber welcher Politiker unterstützt oder verantwortet schon gern die Auflösung unrentabler Werke, von Direktionen oder großen Dienststellen, wenn er wiedergewählt werden möchte? Auch entschieden nicht die Mitglieder des Vorstands über die Beschaffung moderner Fahrzeuge oder andere große Investitionen, sondern der Finanzminister via Verkehrsministerium. Eigentlich konnten die Vorstände nur wünschen und vorschlagen, ihr eigenständiger finanzieller Entscheidungsrahmen war sehr gering bemessen. So war der Fuhrpark ziemlich verschlissen. Die Entwicklung moderner Triebzüge für den Personenfernverkehr war nicht nicht weiter verfolgt worden. Die französische Staatsbahn lieferte mit ihrem TGV-Konzept die Vorlage, was zu tun war. Auch Triebfahrzeugführer fehlten. So war es ein Segen für die Bundesbahn, dass die plötzlich überzähligen Ressourcen der Reichsbahn ab 1990 die Lücken der Bundesbahn schlossen.

Auch wurde politisch entschieden, dass die Verbindlichkeiten für die Anlage der Neu- oder Ausbaustrecken in den Büchern der Bahn erschienen. Reichs- und Bundesbahn hätten diese Schulden niemals tilgen können. Allein die Zins- und Abschreibungslasten verstärkten das Ungleichgewicht zwischen Straße und Schiene zu Ungunsten der Schiene. Kein Schifffahrtskanal oder eine Straße musste die Baukosten selbst finanzieren, ausgenommen waren nur wenige Mautstraßen.

Mit der Bahnreform sollten in einem Befreiungsschlag die beiden Bahnen zu einem Konzern zusammengeführt, entschuldet und kaufmännisch so aufgestellt werden, dass er zukunftsfähig war und blieb. Im Jahr 1993 mussten wir die richtige Organisationsform für die künftige DB AG erarbeiten und zum Stichtag 1. Januar 1994 realisieren. Dazu mussten etwa. 370.000 Mitarbeiterinnen und Mitarbeiter erfasst, informiert und den neuen Einheiten zugewiesen werden. Die kaufmännischen Systeme mussten mit der noch zu erarbeitenden Organisation harmonieren und das Wichtigste: der Fahrplan musste eingehalten werden. Die Kunden sollten von der Neuorganisation nichts bemerken.

Vergleichbare komplexe Organisationsmaßnahmen »unter dem rollenden Rad« sind mir nicht bekannt, zumindest nicht aus der Bundesrepublik Deutschland. Es war eine spannende Aufgabe und große Herausforderung. Der damalige Bereichsleiter Organisation beider Bahnen wurde zum Projektleiter berufen, ich war seit Ende November 1992 sein Projektgeschäftsführer.

Anfang Dezember erhielt ich mündlich den Auftrag: Gehen Sie mal zu Roland Berger – das war die weltweit agierende deutsche Beratungsgesellschaft mit einer Niederlassung in Frankfurt am Main – und besprechen Sie die künftige Projektorganisation, die erforderlichen Ressourcen und die künftige Arbeitsweise im Projekt. Es gibt dort einen Herrn Vogel, der der Projektleiter auf Bergers Seite werden soll.

Das war's.

Kurz darauf drückte ich auf den Knopf der Wechselsprechanlage an der Eingangstüre der Gesellschaft: »Guten Tag, ich bin Wolfgang Scherz von der Deutschen Bundesbahn.«

Als ich die Tür öffnete, eilten aus den verschiedenen Büros mehrere Berater. Sie zogen sich im Gehen die dunkelgrauen Jacketts über und begrüßten mich in einem großen Besprechungsraum. Herr Vogel stellte mir etwa zehn Herren und eine Dame vor und ergänzte umgehend, dass für die Abrechnung unseres sehr anspruchsvollen Projektes nur der Erfolg zählen könne und nicht der Ressourcenverbrauch.

Sofort wurde es brenzlig, es ging um das Geld. Ich selbst wollte über dieses Thema heute noch nicht reden, sondern die Beraterkollegen nur kennenlernen. Auch waren mir die vertraglichen Grundlagen nicht bekannt. Außerdem fand ich das Verhältnis 12 zu 1 nicht fair.

Ich konterte deshalb: »Ich möchte mich zunächst vorstellen. Hierzu sollen Sie meine berufliche Entwicklung unbedingt kennen, damit Sie mich einschätzen können. 1965 habe ich mein Berufsleben nach dem Volksschulbesuch mit einer Maurerlehre begonnen. Ich bin also ein studierter Maurer, also ein Bauingenieur, der eine handwerkliche Grundausbildung hat und so agiere ich auch.« Dann wurde ich deutlicher: »Ein Berater ist für mich bei der Abrechnung wie ein Sack Zement, dieser wird auch einzeln bezahlt. Ein Berater wird also nach Anwesenheit und Tageseinsatz abgerechnet. Ich brauche klare Rechnungsgrundlagen, die einer Prüfung durch die Prüfungsämter und den Rechnungshof standhalten.«

Die Mienen auf der Beraterseite verdunkelten sich, denn wir war klar: Sie wollten eine Pauschalsumme aufrufen. Da hielt ich mich an Brechts »Lob des Lernens« von 1932: »Prüfe die Rechnung / Du musst sie bezahlen. / Lege den Finger auf jeden Posten / Frage: Wie kommt er hierher?«

Ich fuhr mit meiner Vorstellung und meinem beruflichen Werdegang fort. Mein nebenberufliches Studium der Ökonomie an der Fernuniversität Hagen verschwieg ich, da ich noch keinen Abschluss vorweisen konnte. Als ich zum Schluss meiner Ausführungen mitteilte, dass ich bis vor kurzem noch der persönliche Assistent von Heinz Dürr gewesen sei, hellten sich die Gesichter ein wenig auf. Diese Tätigkeit war der Schlüssel, der Türen und Beraterherzen öffnen konnte.

Nach einer kurzen Pause einigten wir uns auf alle Modalitäten der Zusammenarbeit. Wir schlugen vor, alle Funktionen von der Teilprojektleiterebene bis zu den Teams im Tandem zu besetzen, damit sich Eisenbahnsachverstand und Beraterwissen optimal ergänzen konnten.

Die Teilprojektleiter auf der Bahnseite lieferten mir danach bis zum Projektschluss jeden Freitag die Abrechnungsbögen für die Beraterleistung der letzten Woche, so dass ich gerichtsfest Rechnungsanweisungen veranlassen konnte. Hilfreich war, dass die Beratungsgesellschaft ebenfalls größten Respekt vor dieser sehr großen Herausforderung hatte und froh wegen unseren Sachverstand als Eisenbahner war.

Auch wurde mir ein Projektgeschäftsführer der Gesellschaft an die Seite gestellt. Die Zusammenarbeit mit Dr. Hübner erwies sich als äußerst fruchtbar. Allein hätte diese Herkulesaufgabe keiner von uns beiden so problemlos gestemmt.

Wir vereinbarten weiterhin, dass wir uns immer freitags in diesem Besprechungsraum der Beratungsgesellschaft mit allen Projektleitern treffen würden. Die Projektleitung und die Teilprojektleitungen sollten, da die Zeit drängte, wöchentlich über Ergebnisse in der abgelaufenen Woche berichten. Das Erarbeitete sollte mit allen Anwesenden diskutiert und nach der Devise »Das Bessere ist des Guten Feind« optimiert und auf Kompatibilität mit den Regeln des künftigen Konzerns überprüft werden. So installierten wir von Anfang an in unserem Projekt »Organisation der DB AG« einen kontinuierlichen Verbesserungsprozess. Jeweils am Freitagabend war die entsprechende Niederschrift zu verteilen.

So kam es, dass ab Januar 1993 ab 8 Uhr an jedem Freitag Projektleitung und -geschäftsführung mit allen Verantwortlichen zusammensaßen und die notwendigen Abstimmungen und Vorbereitungen für die nächstfolgende Woche und das weitere Vorgehen trafen. Dies war neben der beabsichtigten engen Einbindung der Regionen in Ost und West ein wesentlicher Schlüssel zum Erfolg.

Die erste große Bewährungsprobe war die Vorlage eines Meilensteinplanes für das Projekt und die Beantwortung der Frage, auf welcher Grundlage der Bahnkonzern arbeiten soll? Welche Geschäfte will die Bahn AG betreiben, was ist ihr Geschäftszweck? Wo wird sie künftig ihre Steuern bezahlen? Wird die Bahn international agieren, oder sich auf die Bundesrepublik beschränken? Welche Strategien sollen die einzelnen Geschäftsbereiche verfolgen? Wird im Konzern »zentral« oder »dezentral« entschieden? Und, und, und … Ich war gelassen. Ich hatte damals das Ergebnis der zweitägigen Zusammenarbeit mit den Deutschlandchefs von McKensey fotokopiert und wohl verwahrt. Das lag im Skat.

Die grundlegenden Fragen wurden auf Basis unserer Vorschläge vom Vorstand beider Bahnen schnell und abschließend beantwortet.

Bei der Erarbeitung der Vorlagen für die Entscheider zeigte, dass es von Vorteil war, wenn das Wissen einer großen Beratungsgesellschaft sich mit dem fachspezifischen Wissen des Kunden verbündete. Voraussetzung war der wechselseitige Respekt, und der existierte hier.

Rasch waren sich Berater und Bahn einig, dass wir in die Regionen gehen müssen, um vor Ort mit den Führungskräften zu sprechen und diese für die neuen Aufgaben zu gewinnen. Wir benötigten auch Übergangsmodelle. Die »Kästchen« für eine zukünftige »Sollorganisation« – also die Organigramme – waren schnell gezeichnet, die Geschäftsordnungen für den künftigen Aufsichtsrat, den Vorstand, die Geschäftsbereichsleitungen und deren Regionalleitungen oder die Niederlassungsleitungen rasch geschrieben, Funktionsbeschreibungen für jede Organisationseinheit formuliert.

Das heißt, eine gerichtsfeste und zukunftsfähige Organisation, die mit den kaufmännischen Systemen harmonierte, war bald formuliert. Nun mussten wir die Leitungen der Direktionen und die der Dienststellen in den Regionen gewinnen, sich selbst in Frage zu stellen und sich aufzulösen.

Besondere Bedenken hatten vor allem die früheren Bahnhofsvorsteher. Diese Dienststellen des vereinigten

Dienstes, die in sich Personen- und Güterverkehr sowie den Dienst auf den Stellwerken teilten. Sie mussten in Außenstellen der Geschäftsbereiche *Station und Service* (verantwortlich für die Infrastruktur der Personenbahnhöfe und deren Betrieb vom Bahnhofsvorplatz bis zur Bahnsteigkante), *Güterstückgutverkehr, Güterverkehr* mit kompletten Wagenladungen, *Personennahverkehr, Personenfernverkehr* und *Betrieb des Stellwerksdienstes* »divisionalisiert« werden, d. h. in einzelne relativ autonom handelnde Einheiten aufgeteilt werden.

Die Bahnhofsvorsteher hatten bis zum 31. Dezember 1993 immer das letzte Wort, sie waren die Chefs und dies solange die Bahnen bestanden. Jetzt stand ihre Existenz zur Disposition. Die Gespräche mit ihrem Verband und die vorgebrachten Einwendungen wurden sehr ernst genommen. Letztlich blieben die Bahnhöfe der alten Art nach dem Stichtag eine Weile noch als Hülle erhalten. Die Mitarbeiterinnen und Mitarbeiter aber arbeiteten seit dem 1. Januar 1994 nach Möglichkeit nur noch für einen bestimmten Geschäftsbereich und wurden von den Niederlassungen der neuen Geschäftsbereiche fachlich gesteuert. Die früheren Bahnhofsvorsteher leiteten disziplinarisch den Prozess der Transformation vor Ort – so war die Lösung, und diese hatte Erfolg.

Eine sehr lange Tradition, die die Bahnen vom Kaiserreich, in zwei Demokratien, aber auch in zwei Weltkriegen sicher verwaltet und betrieben hatte, wurde letztlich von denjenigen praktisch aufgelöst, die sich nach dieser Aufgabe um einen neuen Arbeitsplatz bemühen mussten. Dies verdiente größte Hochachtung.

Ähnlich erging es den Präsidenten der Direktionen. Die Direktionen waren ebenfalls auch nur »Dienststellen mit vereinigtem Dienst«, ihre Präsidenten waren äußerst respektierte Führungskräfte der Bahnen, sie knüpften und pflegten die politischen Kontakte in den Bundesländern, ihre Stimme hatte intern Gewicht und sie trugen somit große Verantwortung. Ab Januar 1994 gab es keine Direktionen mehr. Diverse Regionalleitungen oder Niederlassungsleitungen nahmen ihre Arbeit auf, mitunter sogar an anderen Standorten. Auch die Präsidenten und ihre Stäbe organisierten diesen Umbau mit. Im Unterschied zu den früheren Leitern der Bahnhöfe mit vereinigtem Dienst wurden die Präsidenten zu diplomatischen Vertretern des Vorstandes in den Regionen mit Büro, Dienstwagen und einer entsprechenden Einordnung in der neuen Konzernhierarchie.

Wir waren uns einig, dass wir anhand einer Musterdirektion die Transformation durchspielen mussten. Wir mussten uns sicher sein, ob das, was wir vorschlugen, in der täglichen Arbeit funktionieren würde. In der uns zur Verfügung stehenden Zeit war nur ein Versuch möglich. Er sollte in der Direktion Karlsruhe erfolgen.

Unser Projekt zog mit sehr großen »Funktionstransfermatrizes« nach Karlsruhe, das waren bis zu zwei Meter lange Listen. Senkrecht waren alle Dienststellen mit ihren Funktionen und der Anzahl der Mitarbeiter je Organisationseinheit aufgeführt. Waagerecht aufgeführt waren die künftigen Organisationseinheiten der künftigen Geschäftsbereiche, denen die aktuellen Ist-Funktionen und Ist-Personalmengen in Karlsruhe zuzuordnen waren. Die Mitarbeitermengen, die hoheitliche Aufgaben wie die Durchführung von Planfeststellungsverfahren, Zulassung von Bauarten oder die Verwaltung der Beamtenschaft wahrzunehmen hatten, waren in den Matrizes – d. i. der Plural von Matrix – den künftigen Bundesbehörden zuzuordnen. Das war die Aufgabe vor Ort. Etwa 15.000 Personen mussten zugeordnet werden.

Jede Führungskraft mit Personalverantwortung in der Direktion Karlsruhe kam in unsere Besprechungsräume. Gemeinsam teilten wir Funktionen und Anzahl der Mitarbeiter je Funktion auf.

Die Führungskräfte der Region lernten auf diese Weise die neue Struktur der künftigen Deutsche Bahn AG, ihren Sinn sowie die grundlegend neuen Prozesse und Zuständigkeiten kennen. Neben den bereits vorhandenen Organigrammen der Ziel- oder Sollorganisation wurden nun die Organigramme für die Startorganisation am 1. Januar 1994 festgeschrieben.

Das Projekt lieferte nach diesen zwei Wochen alle Voraussetzungen für die aus der Neuorganisation resultierenden personellen Maßnahmen zur »Versetzung in die AG« sowie zu den parallel durch die Bundesrepublik Deutschland noch zu schaffenden Behörden »Eisenbahnbundesamt« und »Bundeseisenbahnvermögen«.

Nach Karlsruhe organisierten wir Regionalkonferenzen in allen anderen Direktionen. Überall waren die Ergebnisse sehr befriedigend. Die Führungskräfte verstanden, dass die Behördenorganisation der Bahnen ausgedient hatte. Deutschlandweit wurden die Vorzüge der Neuorganisation erkannt.

Die Kärrnerarbeit des Projekts war getan, jetzt mussten nur noch die Mitarbeitervertretungen, die Gewerkschaften und die Politik abschließend gewonnen werden. Alle Partner unterstützten diesen Weg und stimmten zu.

Der Gesamtbetriebsratsvorsitzende der DB AG, Werner Mößinger, sagte 1997 zur Verabschiedung von Heinz Dürr als Vorstandsvorsitzenden: »Wir hatten 1991 den Ehrgeiz, als Eisenbahner zu zeigen, wie die Einheit zu gestalten war!« Die Betriebsräte hielten Wort.

Deutschlandweit reisten wir herum und informierten jeden, der noch Fragen hatte. Unser Projekt zählte in der Spitze fast einhundert Mitarbeiter. Wir begleiteten die zukünftigen Führungskräfte intensiv.

Anfang September 1993 fragte mich, ob den Personaldiensten die Dimension der Überleitung hinlänglich bewusst war. Ich sprach darum bei jenem der beiden Personalvorstände vor, zu dem ich ein besonderes Vertrauensverhältnis hatte Ich schlug vor, jeder Mitarbeiterin und jedem Mitarbeiter vor Jahresbeginn in einem persönlichen Schreiben mitzuteilen, in welche neue Organisationseinheit sie bzw. er käme, wer deren Chef sei und vom wem die Weisungen oder Aufträge kämen. Jede und jeder sollte auf diese Weise erfahren, was ihre bzw. seine künftige Funktion sei, wo sich der Arbeitsplatz befinde, die Sozialräume, die zuständige Vertretung der Arbeitnehmer arbeitet, wer dort Ansprechpartner sei, und nicht zuletzt: was für die neue Aufgabe gezahlt werden würde.

Der Personalvorstand schien nicht sonderlich begeistert. Er druckte eine A4-Blatt aus, das dauerte bei den

Druckern des Jahres 1993 noch ziemlich lange. Und das nun 370.000 Mal?

Wir haben ja ein Vierteljahr Zeit, sagte ich.

Alle Schreiben waren rechtzeitig draußen, im Dezember steckten sie in den Briefkästen aller Eisenbahnerinnen und Eisenbahner. Mein Brief kam Ende Dezember an. Also noch rechtzeitig.

Am 1. Januar 1994 gab es eine große Feier am Ostbahnhof in Berlin, am 5. Januar wurde die Deutsche Bahn AG ins Handelsregister in Berlin eingetragen. Kein Kunde merkte etwas von dieser Umstellung, alle Züge fuhren wie üblich. Lediglich Bilder von der Feier und einige Hintergrundberichte zur Bahnreform liefen im Fernsehen.

Für mich selbst hieß es, Abschied von einer vier Jahre währenden besonderen Arbeit zu nehmen. Diese Zeit hatte uns alle, die beteiligt waren, an unsere Grenzen geführt, fachlich, aber auch manchmal emotional. Alle hatten wir sehr viel Neues erfahren und gelernt.

Nach dem 1. Januar 1994 schwieg mein Telefon. Keine Frage wurde mehr gestellt. In Ruhe konnte ich die letzte Rechnung für Beraterleistungen anweisen und mich meinen neuen Aufgaben im Güterverkehr widmen.

11. Letzte Aufgaben und ein Abschluss

Der Start der Deutschen Bahn AG erfolgte in die erste Stufe der Bahnreform als eine Übergangsorganisation. Die Gesetzgebung sah vor, dass die Aktiengensellschaft als Unternehmen geführt werde, das in einer zweiten Stufe in einen holdinggeführten Konzern übergeleitet werden würde. Der Holding sollten dann die Aktiengesellschaften der Kernbereiche – Infrastruktur, Güterverkehr, Personennahverkehr und -fernverkehr – nachgeordnet sein. So funktioniert die DB AG noch heute, wie 1991 vorgeschlagen.

In unserer Projektarbeit 1993 hatten wir mit einer »Startorganisation« und einer »Zielorganisation« die Voraussetzungen dafür geschaffen. Wir hatten Sorge, dass wir das in anderthalb Jahrhunderten gewachsene System der Bahn durch eine hundertprozentige Divisionalisierung am 1. Januar 1994 überfordern würden. Die Zuordnung des Personals in die Geschäftsbereiche, also den späteren Tochtergesellschaften, musste behutsam und sukzessive »unter dem rollenden Rad« erfolgen. Neben meiner neuen Aufgabe im Güterverkehr wurde ich vom Vorstand beauftragt, diesen Prozess zu steuern. Dies betraf im Besonderen die Auflösung der Bahnhöfe als Organisationseinheiten und die des Geschäftsbereichs Traktion (Poolung aller Triebfahrzeugführer und -fahrzeuge).

Das von mir geleitete Team hatte mit den Gewerkschaften zu verhandeln, die Betriebsräte zu gewinnen und den betroffenen Kollegen eine berufliche Perspektive aufzuzeigen. Die Geschäftsbeziehungen der Bahn durften darunter nicht leiden, die Kunden keine Nachteile erfahren.

Im Güterverkehr bemerkten wir zuerst die Auswirkungen des liberalisierten Schienenverkehrsmarktes. Neue Verkehrsunternehmen drängten auf den Markt und übernahmen lukrative Ganzzugtransporte. Wir waren plötzlich nicht konkurrenzfähig, weil deutlich zu teuer. Die Preise der früheren Behördenbahnen, die unverändert von der DB AG übernommen worden waren, und die Zuschläge für »Wagnis und Gewinn« waren in diesem Segment eindeutig zu hoch.

Das Ganzzuggeschäft war das profitabelste Geschäft im Güterverkehr. Rote Zahlen hingegen schrieb der Verkehr mit Einzelwagen, die bei Kunden abgeholt und wieder zugestellt werden mussten … Viel Aufwand, kaum Gewinn. Es war schnell zu erkennen, dass bei einem Wegbrechen des Ganzzugverkehrs der Schienengüterverkehr der Bahn AG insgesamt in eine äußerst bedrohliche Schieflage kommen würde.

Ähnliche Erfahrungen machte auch der Personennahverkehr nach den ersten Ausschreibungen der Verkehrsverbünde. Der Marktanteil verringerte sich sukzessive … Es mussten rasch neue Strategien entwickelt werden, um diesen Trends entgegenzuwirken.

Die »Bahnhöfe mit vereinigtem Dienst« lösten sich fast wie von selbst auf, da die monatlichen Berichte über Kosten und Erlöse das ganze Ausmaß der Misere einer ineffizienten Behördenbahnen offenlegte.

Die Auflösung des Geschäftsbereiches Traktion gestaltete sich hingegen deutlich schwieriger. Die erst gewählten Betriebsräte und berufenen Führungskräfte stimmten der Auflösung nur widerstrebend zu.

Die Gewerkschaft der Lokführer (GDL) mit ihrem Vorsitzenden Manfred Schell – er stand von 1989 bis 2008 an der Spitze der GDL, der sich 1990 etwa 15.000 Lokführer der DDR-Bahn angeschlossen hatten – musste in vielen Gesprächsrunden überzeugt werden. Fast jedes Treffen endete mit einem Abbruch. Am Ende stimmte die Gewerkschaft doch zu. Die GDL konnte sich erfolgreich in mehreren Bereichen – Personenfernverkehr (heute DB Fernverkehr AG), Personennahverkehr (heute die DB Regio AG), Güterverkehr (heute die DB Cargo AG) und in anderen Gesellschaften des Konzerns – etablieren und an Einfluss gewinnen. Die knorrigen Vorsitzenden der Lokführergewerkschaft waren und sind bis heute keine leichten Verhandlungspartner.

Streit und Streik gehören zu jeder anständigen Firma, meinte Heinz Dürr immer. Jeder Partner trage dabei nicht nur Verantwortung für sein Klientel, sondern auch für das Unternehmen. Beide Seiten mussten lernen, die neuen Möglichkeiten, die die Privatisierung brachte, zu erkennen und verantwortungsbewusst damit umzugehen. Die legendären Rededuelle zwischen dem Bahnchef Hartmut Mehdorn und Gewerkschaftschef Manfred

Schell im Fernsehen haben der Bahn allerdings mehr geschadet als genutzt. »Der Lokführer-Streit ist vor allem der Streit der beiden Sturschädel Schell und Mehdorn«, schrieb die *Süddeutsche Zeitung* am 17. Mai 2010.

Viele neue Eisenbahntransportunternehmen entstanden, sie boten Ganzzüge in der Chemiebranche, in der Automobilindustrie oder im Montangüterbereich (Kohle und Stahl) zu deutlich günstigeren Konditionen an und bekamen den Vorzug. Wo es keine Anbieter gab, gründeten Konzerne wie BASF ihr eigenes Transportunternehmen. Der liberalisierte Eisenbahnverkehrsmarkt erlaubte auch den regionalen und lokalen Verkehrsverbünden die Vergabe von Verkehrsleistungen. Der Geschäftsbereich Personennahverkehr der DB AG hatte bei vielen Ausschreibungen das Nachsehen. Aber gerade dieses Segment generierte den größten Umsatz.

Beim Start der Bahn AG existierten kaum verwertbare Strategien oder Ansätze für eine Festigung oder gar Ausbau der Positionen auf dem nunmehr freien Markt. Im Güterverkehr war ich für die Organisation und die Leitung des Büros des Vorstandes verantwortlich. Mir lagen fast alle Informationen vor. Die früheren Generalvertretungen von Reichs- und Bundesbahn im Ausland wussten demnach wenig bis nichts über mögliche Kunden in unseren Nachbarländern. Aufmerksam studierten die neuen Kolleginnen und Kollegen in der Strategieabteilung unseres Geschäftsbereiches die Hauptgüterverkehrsströme in Europa. Bei den Behördenbahnen gab es bis 1993 kaum Service, nur Nutzer, der internationale Verkehr war ein »durchlaufender Verkehr«. Die jeweilige

Die Konzernzentrale am Potsdamer Platz in Berlin, 2015

Staatsbahn sprach bis 1993 mit allen Kunden im eigenen Land und akquirierte die Zugfahrten von A nach B im Bedarfsfall bei beteiligten Nachbarländern. Die Bahnen berechneten sich wechselseitig die für die Transporte erbrachten Leistungen. Mit der Liberalisierung erledigte sich dieses System. Wichtig war nun, die gesamte Kette aus Transport und Dienstleistungen schnellstmöglich zu beherrschen, was sich auf den Transportpreis niederschlug. Schnell, sehr schnell musste ein europäisch agierender Vertrieb, der produkt- und kundenbezogen arbeitete, aufgebaut werden. Ebenso war ein europaweit arbeitendes Kundenservicezentrum rascher als bei anderen Bahngesellschaften zu realisieren. Hier wollten wir die Nummer Eins sein.

In dieser Zeit schrieb der Betreiber des Hafens Rotterdam seine Eisenbahnverkehrsbedürfnisse neu aus. Es war klar: Wer den Hafen mit seinem riesigen Güteraufkommen als Kunden gewinnt, wird auch viele Ferngüterzüge aufs Gleis bringen können. Der Hafen von Rotterdam bediente die Wirtschaftszentren von Westeuropa und war selbst mit den Häfen in Italien per Schiene verbunden. Deshalb wurde von der Bahn AG eine Güterverkehrssparte in den Niederlanden gegründet und niederländische Konkurrenten übernommen. Weitere Gründungen im benachbarten europäischen Ausland erfolgten rasch. 2021/22 wurde der Schienengüterverkehr der Verbindung China-Westeuropa der DB Cargo AG in einer eigenen Gesellschaft »DB Cargo Transasia« organisiert.

Das Kundenservicezentrum, das für alle Kunden rund um die Uhr und 365 Tage im Jahr Ansprechpartner ist, wurde in Duisburg installiert. Heute ist die DB Cargo AG das führende europäische Eisenbahnverkehrsunternehmen. Über die zugekaufte Spedition DB Schenker ist sie eine der führenden Logistikanbieter weltweit. Die ersten Weichen hierzu wurden 1994 gestellt.

Gelöst ist jedoch noch immer nicht die Frage des Einzelwagenverkehrs. Das Vorhalten der erforderlichen Kapazitäten bei Personal und Infrastruktur (z. B. große Teile der Rangierbahnhöfe) für das Einsammeln der Wagen, der Bildung von Zügen, Fahrt und Verteilung der Wagen an die Empfänger ist gegenüber dem LKW noch immer nicht wettbewerbsfähig. Trotz der gestiegenen Preise für den Transport auf der Straße ist der Einzelwagenverkehr auf der Schiene noch immer teurer. Wenn der Eigentümer der Bahn, also der Staat und somit wir als steuerzahlende Bürger, eine Alternative zum

LKW haben wollen, muss der Wettbewerb anders gestaltet werden. In der heutigen Form kann der Güterverkehr mit Einzelwagen, trotz erfolgreicher Ansätze wie der Kooperation mit DHL, nur sehr schwer kostendeckend organisiert werden.

Im Rahmen der Bahnreform entstand neben 447 (Stand Oktober 2020) zugelassene und weitgehend in Konkurrenz fahrende Eisenbahnverkehrsunternehmen und damit auch ein Markt für das Leasing von Lokomotiven oder Wagen, also für die sachlichen Ressourcen. Neue Geschäftsmodelle, interessant für Anleger und den Kapitalmarkt insgesamt, sind somit zusätzlich entstanden. Ein Eisenbahnverkehrsunternehmen muss heute lediglich Personal im Kernbereich vorhalten. Also wurden ab 1994 tüchtige Eisenbahner bei der Bahn AG abgeworben. Vom Wagenmeister bis zu alten und jungen Führungskräften: die Headhunter der Konkurrenten waren auf Beutezug. Anfangs wurde diese Gefahr bei der DB AG massiv unterschätzt, da der Personalbestand nach der Vereinigung ohnehin zu groß war. Auf betriebsbedingte Kündigungen wurde verzichtet, man war darum über jeden freiwilligen Abgang zufrieden. Dieser ungeregelte Personalabfluss rächte sich nachhaltig. Es gingen mit den Kollegen auch Fachwissen und Erfahrung verloren, wovon die Konkurrenz profitierte. .

Noch immer werde ich gelegentlich dafür in Haftung genommen. Ein früherer Kollege, der im Zentralamt der Bundesbahn in München gearbeitet hatte und bald nach der Bahnreform in den Ruhestand verabschiedet worden war, warf mir vor, ich persönlich sei als Geschäftsführer dafür verantwortlich gewesen, dass qualifiziertes Personal verloren gegangen ist. Nun ja, ich hielt dagegen, dass Dank dieser – nicht von mir verantworteten, aber von ihm kritisierten – Personalpolitik er seinen Ruhestand viele Jahre früher hatte genießen können als ursprünglich vorgesehen. Er sei somit von seinem Dienstherrn, der Bundesrepublik Deutschland, äußerst privilegiert behandelt worden. Da müsse er sich nicht echauffieren.

Fünf Jahre nach dem Start der Bahn AG wechselte ich wieder zur Eisenbahninfrastruktur, zunächst als Chef der Bahn-Baufirmen, dann in die DB Netz AG. Dreizehn Jahre lang hatte ich die Infrastruktur nur von außen beobachtet, jetzt war ich wieder zuständig für die Instandhaltung und kontinuierliche Erneuerung von Gleisen, Weichen, Untergrund, Signalanlagen, Fahrleitungen, Tunnel, Brücken, Dämme, Böschungen, Starkstromanlagen und Telekommunikation.

Heute werden durch die Bunderepublik Deutschland Milliarden Euro in die Erhaltung und die Erneuerung der Eisenbahninfrastruktur investiert. Ich sehe aber auch, dass man mit mehr Sachverstand und besserer Beratung etwa der Ministerialbürokratie viel Geld einsparen bzw. sinnvoller investieren könnte. In der Zeit der Behördenbahnen wurden jungen Ingenieuren bewusst erfahrene Kollegen an die Seite gestellt. Diese »schulten« in persönlichen Gesprächen in der Praxis. Kurzsichtig waren diese Leute eingespart und in den Ruhestand entlassen worden, sie hinterließen riesige fachliche Lücken. Ähnlich war es im Bahnbetrieb sowie bei der Fahrplanplanung und -gestaltung. In den ersten zehn Jahren der Bahn AG verlor das Unternehmen viel Erfahrung. Zweifellos schwebten die Personalkosten wie ein Damoklesschwert über der Bahn AG. Es musste umverteilt und versetzt werden, zudem hatte der Abbau des Personals sozialverträglich zu erfolgen. Dieser Druck setzte Kreativität frei.

Der Konzernumsatz der Deutsche Bahn AG stieg von 28 Milliarden Euro im Jahr 2003 auf über 44 Milliarden im Jahr 2018. 2022 betrug er schon über 56 Milliarden. Allein die Möglichkeit, Personal entsprechend der Bedürfnisse der Märkte gesellschaftsübergreifend um- und einzusetzen, spricht für die Form eines »integrierten Konzerns«. Eisenbahner und Eisenbahnerinnen kennen keine Bundesagentur für Arbeit.

Im Jahr 2007 verließ ich die Bahn AG und wechselte wieder in eine Behörde, in eine Straßenbau- und Instandhaltungsorganisation eines Bundeslandes. Man war auf mich zugekommen, die Aufgabe schien eine große Herausforderung zu sein, die mich reizte.

Die Aufgaben, die ich übertragen bekam, entsprachen denen bei der DB Netz AG: Instandhaltung und -setzung, Winterdienst, Erneuerung oder Planung und Realisierung neuer Infrastrukturvorhaben sowie Wartung der Signaleinrichtungen. Diesen Wechsel in das Landesbehördenrecht habe ich im Nachhinein bereut. Es war desillusionierend zu erfahren, auf welchem Niveau diese Behörde im Vergleich zur DB AG arbeitete, als ich sie in der täglichen Arbeit kennenlernte. Zum Beispiel im Bereich der Realisierung der Kosten-/Leistungsrechnung lag diese Organisation ungefähr auf dem Niveau der Deutschen Bundesbahn Ende der achtziger, anfang der neunziger Jahre, also zwei Jahrzehnte zurück. Man operierte zumeist mit geschätzten Zahlen. Eine gerichtsfeste Beschreibung der Organisation und der Aufgaben gab es nicht, die Anlagenverantwortung für etwa 12.000 km Straßen war nicht eindeutig geregelt. Hervorragend organisiert waren allenfalls die Sparte »Verkehrslenkung/-leitung auf den Autobahnen« sowie die Arbeit durch die Straßen- und Autobahnmeistereien in der Instandhaltung und im Winterdienst. Der Internetauftritt und die Veröffentlichungen der Behörde waren ebenfalls herausragend; sie berichteten von höchster Leistungsfähigkeit und von großen Erfolgen aller Sparten. Leider waren die Aussagen zum Thema Kosten- und Leistungsrechnung auch von Herrn Potemkin inspiriert.

Am Ende des Buches möchte ich noch die Frage beantworten, was aus den Menschen wurde, die mich ab Januar 1990 in den neuen Bundesländern begleiteten.

Ich beginne mit dem Vorstandsfahrer, der die Bahn wegen seiner »besonderen Beiträge für das MfS« innerhalb einer Stunde verlassen musste. 1991 sagte er mir: Wenn die mich hier nicht mehr mögen, mache ich eine Currywurst-Bude auf. Ich weiß nicht, ob er das wirklich getan hat: Ich habe nie wieder etwas von ihm gehört. Auch die Kollegen nicht. Seine Frau arbeitete jedoch weiterhin im Unternehmen Bahn. Die Familie wird also nicht im Ruin geendet sein.

Sein Kollege – es gab 1991 zwei Vorstandsfahrer – war aus anderem Holz geschnitzt. Er war immer freundlich und einsatzbereit, die Anzüge saßen korrekt, sein Auftritt war seiner Tätigkeit angemessen. Er fuhr viele Jahre den Vorsitzenden des Vorstandes und danach verschiedene Vorsitzende des Aufsichtsrates der Bahn AG.

Der Kollege mit dem großen Buchstaben am Beginn seiner Unterschrift, der einiges Leid über die Eisenbahnerfamilie im Harz gebracht hatte, starb unbehelligt als aktiver Eisenbahner. Seine Nikotinsucht wurde ihm zum Verhängnis.

Die Büroleiterin des Vorsitzers des Vorstandes der Reichsbahn ist wohl Rentnerin. Wir haben uns damals sehr rasch aus den Augen verloren.

Die Sekretärin im Vorstandsbüro der DR blieb bei Heinz Dürr, als er 1994 Aufsichtsratsvorsitzender der Deutschen Bahn AG wurde. Wir telefonierten gelegentlich miteinander, als sie bereits im Ruhestand war.

Monika, die gute Seele des Bereichs Organisation, hat mir meine Kritik wegen des 1991 verdruckten Telefonverzeichnisses großherzig verziehen. Für andere da zu sein und zu kämpfen, ist ihr immer noch Lebensinhalt.

Dr. Werner Wirth, Leiter der ersten Projektgruppe der Deutschen Reichsbahn, lebte bis Anfang 2021 als Ruheständler in der Nähe von Berlin. Telefoniert hatten wir so manches Mal, leider zu wenig. Vor ihm habe ich immer noch größten Respekt. Irgendwie passte er nicht in die Ebene Generaldirektoren, ihm fehlte der militärische Ton. Und: Es ging ihm immer nur »um die Sache«. Ich habe seinen Sohn kennenlernen dürfen. Eine neue wertvolle Bekanntschaft entstand.

Die beiden jungen Führungskräfte der Reichsbahn in unserem Projekt, die 1990/91 wesentliche Führungsaufgaben übernahmen, haben diese mit Bravour gemeistert. Sie sind »bis ganz oben« im Konzern aufgestiegen. Der seinerzeit übliche Konjunktiv (»Ich würde sagen mögen, dass …«) verließ sie dabei nicht. Sie haben gut verdient und bereisen jetzt als Pensionäre die Welt. Sie waren in Ländern, von denen ich bisher nur aus dem Atlas erfahren habe. Wegen ihrer Umtriebigkeit fällt es schwer, gemeinsame Treffen zu organisieren. Im Ruhestand beklagen sie, dass in »diesem Laden«, womit sie das ganze Land meinen, vieles zu langsam gehe. In der DDR wäre dies und das »anders, aber nicht schlechter« gewesen. Wenn ich sie frage, warum sie sich nicht in einer Partei engagierten, um mitzuhelfen, die von ihnen kritisierten Missstände zu beseitigen, lächeln sie nur. Das lässt sich unterschiedlich interpretieren. Freundschaft aber ist beiden ein hohes Gut – sie schätze ich an den beiden.

Hartmut, der zweite Partner 1990, ist ein treuer Freund geworden. Er versorgt mich mit neuesten Videos per WhatsApp, oft ganz schlicht zum Thema Bier, meist aber über unsere Bahn. Wenn wir zusammen sind, ist er sofort im alten Besprechungs-Modus – ich weiß: es heißt natürlich »Beratungen«. Sein Gesicht leuchtet, als stünde er vor einem großen Auditorium und erläuterte die Technik einer Lokomotive. Das verwächst sich nicht mehr.

Hans-Jürgen, der dritte Partner, ist abgetaucht, es geht ihm aber wohl gut, sagt man. Einige Jahre hat er noch zu arbeiten. Er ist also noch zu jung und/oder hat keine Zeit, mit uns in Erinnerungen zu schwelgen.

Mein lieber Freund Jens ist zwar der Dienstälteste von uns, aber ebenfalls noch werktätig. Deshalb hören wir manchmal länger nichts voneinander. Er arbeitet noch immer als Assistent und ist bestens über das gesamte Unternehmen und dessen Politik informiert. Als intelligenter Dienstleister ist er erfolgreich, er pflegt viele Kontakte. Unsere Gespräche sind für mich immer bereichernd. Von ihm erfahre ich auch, wie es dem einen oder anderen Veteranen der Deutschen Reichsbahn geht. Und ich lasse Jens Grüße übermitteln an jene, die noch leben.

Was ist aus mir geworden? Die Aufgaben, die ich von Januar 1990 bis 1994 zu erledigen hatte, haben mein Handeln verändert. Ich bin kritischer, aber vor allem nachdenklicher geworden. Die nicht zu beantwortende Frage, wie ich mich als Führungskraft in einem undemokratischen System verhalten hätte, begleitet mich seitdem. Wäre ich stärker gewesen als meine Väter? Ich glaube nicht. Umso mehr verteidige ich heute in meinem privaten Umfeld unsere Demokratie und gegenüber meinem früheren beruflichen Umfeld eine tatsächlich gelebte positive Unternehmensethik. Lügen oder Schweigen über Missstände, das geht überhaupt nicht! Deshalb habe ich dieses Buch auch geschrieben.

Und ich habe noch etwas sehr Wichtiges erfahren dürfen: Freundschaft ist systemunabhängig. Ein unvoreingenommener Umgang mit Menschen aus anderen Kulturen eröffnet neue wundervolle Möglichkeiten. Die Eisenbahner, egal ob sie auf der unbemalten oder auf der Grafitti-Seite der Mauer lebten, sind dafür ein großartiges Beispiel für unser Land.

Ich danke allen für die tatkräftige Hilfe, dieses Buch zu veröffentlichen, vor allem dem Verlag.

Das Neue Berlin –
eine Marke der Eulenspiegel Verlagsgruppe

ISBN 978-3-360-02757-3

1. Auflage

Illustrationen: Archiv Scherz S. 11, 53, 56, 65, 69, 95, 132, 136, 139, 143, 146, 150, 157, 161, 171, 189; Archiv edition ost S. 21, 37, 80, 88, 113, 185; Robert Allertz S. 109, 133, 195, 215
Umschlaggestaltung: Buchgut, Berlin
Satz: edition ost
Druck: buchdruckerei.de, Berlin

www.eulenspiegel.com

Frankfurt interessant geworden war. Sie setzten sie auf diesen Stuhl. Niemand widersprach.

Erst 25 Jahre später, als diese Stabsabteilung schon längst Geschichte war, offenbarte mir ein ehemaliger Kollege und inzwischen enger Freund: »Wie konntet ihr nur diese Person berufen? Sie war zu DDR-Zeiten eine schlimme Frau. Bei Planbesprechungen war sie die dogmatischste Parteigängerin!«

»Mittäter« oder »Widerständler« richtig einzuschätzen war für uns aus dem Westen eine äußerst diffizile fast unlösbare Aufgabe. Umso mehr gilt heute mein Respekt Heinz Dürr, der deshalb andere Kriterien für die Entscheidungen des Unternehmens gewählt hat.

Das war wohl auch einer der Gründe, weshalb der Vorstand der Deutschen Reichsbahn besonders auf junge Mitarbeiterinnen und Mitarbeiter setzte. Aktiv wurde nach fitten und unbelasteten Menschen gesucht, die für zentrale Tätigkeiten geeignet schienen. Sie sollten auf eine herausgehobene Karriere vorbereitet werden und ihren Reichsbahnsachverstand in die künftige Bahn AG als Führungskraft einbringen.

Das Augenmerk fiel besonders auf Mitarbeiter, die in ihrer Berufsausübung aus irgendwelchen Gründen angeblich diskriminiert worden waren. So gab es diplomierte Maschineningenieure, die lediglich als Triebfahrzeugführer tätig, also unter ihren Qualifikationen eingesetzt worden waren. Sofort wurde eine Zurückstellung vermutet und politische oder sonstige Gründe dafür ausgemacht. Bei genauer Untersuchung erwies sich das als Irrtum: Lokführer verdienten einfach mehr.

Viele Diplomingenieure hatten sich einzig aus verständlichen materiellen Gründen für den Fahrdienst beworben. Eine Diskriminierung lag keineswegs vor.

Nur ein junger Maschineningenieur stellte sich bei mir vor, der offen erklärte, dass ihm der Lokfahrdienst sogar Freude bereitet hätte. Außerdem hätte er für seine junge Familie mehr Geld zur Verfügung gehabt.

Er wurde in die Stabsstelle des Vorsitzenden des Vorstands übernommen.

Weit nach Feierabend, es war schon stockdunkel, klingelte das Telefon des Vorsitzenden des Vorstandes. Ich nahm ab. Ein Fahrdienstleiter aus Westdeutschland hatte sich ein Herz gefasst, um seinen Bahnchef um Hilfe zu bitten.

Der Mann war, bevor er Fahrdienstleiter der Deutschen Bundesbahn geworden war, Fahrdienstleiter der Deutschen Reichsbahn im Harz gewesen. Er hatte seinen Job in der DDR verloren, weil er im Sinne der damaligen Führung aufmüpfig und renitent gewesen war. Er legte bei Betriebsversammlungen seine Finger in offene Wunden. Er ließ sich von Vorgesetzten oder anderen nicht von seiner Linie abbringen. Was falsch war, blieb für ihn falsch. Er wurde aus den verschiedenen Gründen aus dem Bahndienst entlassen, ebenfalls fand er nach seiner Entlassung von der DR keine neue Anstellung in anderen Betrieben. Seine Dienstwohnung wurde gekündigt. Er galt somit als asozial. Er stellte einen Ausreiseantrag, kam in Haft in Bautzen und wurde nach einem Jahr von der Bundesregierung »frei-